财务会计理论的发展与创新

谭琳琼　李朋磊　左咏梅　著

吉林科学技术出版社

图书在版编目（CIP）数据

财务会计理论的发展与创新 / 谭琳琼，李朋磊，左咏梅著． -- 长春：吉林科学技术出版社，2023.4
　ISBN 978-7-5744-0344-4

Ⅰ．①财… Ⅱ．①谭… ②李… ③左… Ⅲ．①财务会计—研究 Ⅳ．①F234.4

中国国家版本馆CIP数据核字（2023）第068285号

财务会计理论的发展与创新

著	谭琳琼　李朋磊　左咏梅
出 版 人	宛　霞
责任编辑	王运哲
封面设计	树人教育
制　　版	树人教育
幅面尺寸	185mm×260mm
开　　本	16
字　　数	220千字
印　　张	10
印　　数	1-1500册
版　　次	2023年4月第1版
印　　次	2023年10月第1次印刷

出　　版	吉林科学技术出版社
发　　行	吉林科学技术出版社
地　　址	长春市福祉大路5788号
邮　　编	130118
发行部电话/传真	0431-81629529 81629530 81629531
	81629532 81629533 81629534
储运部电话	0431-86059116
编辑部电话	0431-81629518
印　　刷	廊坊市印艺阁数字科技有限公司

书　　号	ISBN 978-7-5744-0344-4
定　　价	65.00元

版权所有　翻印必究　举报电话：0431-81629508

前　言

近年来，在国家政策的引导下，在企业自身的努力之下，我国财务会计工作得到了长足发展。但受各方面现实因素的影响和制约，在实际开展过程中也遇到了一些问题，限制了财务会计自身优势作用的充分发挥。在我国社会主义市场经济快速发展的巨大推动作用下，我国财务会计工作得到了完善和调整，更好地满足了企业在经营发展过程中对财务会计的多样化需求。与此同时，财务会计工作体系的逐步完善更是为企业规避风险、迎接挑战提供了巨大的支持作用。研究当代财务会计发展趋势，有助于我们针对目前社会整体发展情况来对其展开新一轮的优化调整，以此来确保财务会计在企业发展进程中优势作用的充分发挥。

财务会计简单来说是指通过对企业已经完成的资金运作全面系统的核算与监督，以相关单位和企业的经济投资人、债权人等为基础来开展相应的经济管理活动，财务会计对于企业来说是一项十分重要的基础性工作。应通过应用会计程序等一系列有用的数据信息有效提高企业的管理决策水平，帮助企业在发展过程中获得更多的经济效益。在未来的发展过程中，高校想要得到更好的发展必须要对财务会计模式进行改革，以高校的实际发展情况为前提基础，积极学习最新的会计准则，提高会计人员的综合素质能力，在原有的基础上对现有的会计审核制度进行不断的优化及完善。

综上所述，在新时代的背景下，高校想要得到更好的发展，必须要做好财务会计工作，针对当前现存的财务会计问题采用具有针对性的解决措施，积极学习新会计准则，提高会计人员的综合素质能力，制定完善的会计审核制度，以此来推进高校更好的发展。

目 录

第一章 财务会计的理论基础 ... 1
- 第一节 财务会计理论体系结构 ... 1
- 第二节 财务会计假设 ... 3
- 第三节 财务会计目标 ... 5
- 第四节 财务会计要素 ... 9
- 第五节 财务会计原则 ... 11
- 第六节 财务会计的基本程序和方法 ... 14

第二章 财务会计发展研究 ... 19
- 第一节 财务会计新变化 ... 19
- 第二节 财务会计发展趋势 ... 22
- 第三节 财务会计信息化研究 ... 27

第三章 财务会计模式研究 ... 30
- 第一节 现代财务会计模式的缺陷 ... 30
- 第二节 数据时代财务会计模式转型 ... 32
- 第三节 现代企业制度下财务会计模式 ... 39
- 第四节 新环境下的财务会计模式理论 ... 41
- 第五节 网络环境下财务会计模式探讨 ... 43
- 第六节 企业财务会计外包模式应用研究 ... 47

第四章 财务会计数据分析 ... 50
- 第一节 财务会计数据加工处理与分析 ... 50
- 第二节 财务会计数据的综合利用 ... 53
- 第三节 财务会计软件中数据的获取 ... 56

第四节　资产减值准备与财务会计数据　　58
　　　第五节　大数据与财务会计核算　　63
　　　第六节　数据挖掘与财务会计管理　　66

第五章　大数据会计研究　　69
　　　第一节　大数据会计问题　　69
　　　第二节　大数据与会计流程再造　　72
　　　第三节　大数据会计与财务信息　　75
　　　第四节　大数据时代管理会计发展　　80
　　　第五节　大数据时代的会计审计发展　　86

第六章　财务会计信息内部控制与审计　　90
　　　第一节　财务与会计信息系统内部控制体系　　90
　　　第二节　一般控制　　92
　　　第三节　应用控制　　95
　　　第四节　计算机审计　　98

第七章　财务会计管理概述　　102
　　　第一节　财务会计管理存在的问题　　102
　　　第二节　知识经济下财务会计管理　　104
　　　第三节　企业财务会计与管理会计的融合　　106
　　　第四节　网络经济时代下的财务会计管理　　108

第八章　财务会计管理模式　　113
　　　第一节　企业财务会计管理中的内控模式　　113
　　　第二节　企业财务会计成本精细化管理模式　　115
　　　第三节　中小企业财务管理云会计模式　　120
　　　第四节　企业会计电子档案管理财务共享模式　　123
　　　第五节　企业财务管理会计集中核算模式　　127
　　　第六节　企业财务会计目标成本管理模式　　131

第九章　财务会计管理的实践应用研究　　135

第一节	智能财务在管理会计中的应用	135
第二节	财务会计在供给侧管理中的应用	138
第三节	会计统计方法在财务管理中的应用	141
第四节	会计与财务管理中 ERP 的具体应用	143
第五节	企业财务管理中会计电算化的应用	146

参考文献 ·· 150

第一章 财务会计的理论基础

第一节 财务会计理论体系结构

人们对长期会计实践进行系统化理论化的总结并形成了会计理论。会计理论的目的在于探索会计的本质，它包括会计目标、会计假设、会计概念和会计准则等，它是一个总体性的知识框架，主要是指财务会计概念框架。这一框架中的各部分内容之间既相互联系又形成一定的层次，构成了一个逻辑严密的知识结构，我国将其称之为会计理论体系。笔者认为财务会计理论体系可划分为三个相互联系的层次：会计的基础理论—会计的结构理论—会计的规范理论。

一、会计的基础理论

会计基础理论体系是构建整个会计大厦的基石，它对会计准则理论框架，包括财务会计、管理会计在内的所有会计科学，以及具体的会计实务工作等均有指导作用。目前公认的会计基础理论包括会计本质、职能、目标、对象、方法等。从哲学思维来看，会计理论体系的起点应该是会计本质。在对会计本质认识的基础之上，继而发展到对会计职能、对象、方法等理论要素的研究。会计所具有的功能称为会计职能，它体现了会计的本质，反映和监督是会计最基本的职能。将会计职能按照信息使用者的要求具体化就是会计目标。会计职能服务于会计目标，并能"表现"目标。会计职能具有客观性，它是在长期的会计实务实践中对会计行为的综合概括。而会计目标则具有明显的主观性，特别是会计的基本目标，它是在充分考虑环境影响的前提下根据会计的职能来确定的。尽管会计目标要受制于会计环境的变化和会计自身发展（包括会计本质）的影响，然而环境仅仅是外因，只能起到影响的作用而不是决定作用。

二、会计的结构理论

会计结构理论是在基础理论的基础上发展起来的，它在财务会计理论体系中处于一个十分重要的层次。理论是用于指导实践的，但是基础的会计理论还难以指导准则的制定，难以形成相互联系的体系。因此，需要在基础理论的基础上进一步发展，形成指导会计体系建立的结构理论。在结构理论这一层次，以会计目标为核心，从它出发，对目标的具体要求加以表达就得到了会计信息质量特征，会计信息质量特征起到了联系目标与程序的作用。会计目标通过将会计对象划分为会计要素，并对会计要素进行确认、计量以及最终通过财务报告来实现。

近年来，对结构理论的研究主要表现为对财务会计概念框架的研究。财务会计概念框架体系是由会计目标以及与之相关的概念组成的体系，它具有严密的逻辑性。这一体系可指导整套准则的制定。它不仅是理论，还具有强烈的实践性，能有效地沟通基础理论与会计实务。

三、会计的规范性理论

为了指导会计实务向正确的方向发展，必须要有指导具体的会计实务的体系——会计规范性理论体系。它是建立在会计基础理论体系和会计结构理论体系之上的。这个体系可用于引导会计工作向标准化发展，也可以此对具体的会计工作做出评价。会计规范理论是人们在长期的会计实践基础之上，汲取正反两方面的经验教训，对会计实务应有的规范行为和现象进行的理性化、系统化的总结。会计规范理论体系的内容主要涵盖该体系的基本层次和内容，及其建立和实施的基本原理和方法。会计规范性理论从内容上看，主要分为会计准则规范和会计行为规范两种。两者互相补充、互相联系，相辅相成，一起指导和规范着会计实践。会计方法和会计行为构成了会计实践的内容。会计行为是在会计实践中运用一定的方法加工整理并最终得出会计信息的活动，在这一过程中所遵循的方法称为会计方法。为了使最终得出的会计信息是规范的，就必须规范会计信息的加工过程。这类规范被称为会计准则规范，它分为会计基本准则规范和会计具体准则规范。对会计行为进行外在约束的规范称之为会计行为规范，它引导对会计行为规范的理论研究向良好的方向发展。会计行为规范主要包括会计法规和会计职业道德。

目前，我国会计改革的指导思想之一是向国际会计惯例靠拢。为了提高我国会计准则的质量，弥补我国以前会计理论体系的不足，更好地发挥会计理论应有的监督指导、预测以及解释会计实践的作用，可以考虑围绕着财务会计概念框架展开，借鉴西方会计理论研究的成功经验，对我国三个层次会计理论体系的构建展开研究，并进一步用于指导准则的制定。

第二节 财务会计假设

在推动经济建设的过程中,财务会计做出了巨大的贡献,其中财务会计与宏观的经济运行环境存在着较为紧密的联系,只有通过运作模式和逻辑体系的深入分析和研究,以合理抽象的理性分析为主体,才能够保证会计基本假设符合时代发展的实质要求。在这样的认知模式和认知体系下,会计基本假设的进一步发展受到了会计环境的重要影响,会计环境会直接影响会计基本假设的具体内容和形式,因此,在对其进行分析和探讨的过程中要以时代发展的具体环境为切入点和落脚点,了解不同阶段及运作模式的具体内容和形式。与传统工业时期相比,新经济时期的财务会计基本假设所涉及的内容和形式更为复杂,因此,只有真正地站在宏观的角度了解具体情况,坚持实事求是的工作原则,对不同的财务会计基本假设进行重新思考和界定,才能够充分体现财务会计基本假设应有的作用和优势。

一、财务会计基本假设的内容

学术界和理论界对财务会计进行分析和研究是以财务会计基本假设为主体,通过理论分析与实践研究来了解基本假设的核心要求和新时代的具体变化。其中,财务会计基本假设涉及不同的板块,每一个板块的实践操作要求有所区别。

首先,对于以货币为计量单位的财务会计基本假设来说,在实践运作过程中主要包括主体假设、持续经营假设和时间分期假设。主体假设主要以主体与整体市场之间的相关性为依据,结合现金流量和财务状况的现实要求明确经济信息系统的实时情况,促进财务会计工作的大力落实。如果站在宏观的角度对主体假设进行分析,那么在具体操作的过程中,主体假设工作原则所发挥的作用比较明显,主体假设能够实现财务会计处理工作效率和水平的稳定提升,积极地规范不同的交易行为,明确具体的交易范围和交易空间。另外,学术界也结合财务报告的具体情况对实际的工作内容和工作界限进行了相应的界定和分析,工作者要为财务会计的主体假设提供相应的基本信息,实现企业与市场的合理划分。

其中,主体假设明确强调财务报告的边界与财务会计是企业在实践运作过程中的重要组成部分,在对这两者进行分析研究时必须以实际的运作情况为依据,尽量避免市场的影响。从宏观的角度来看,主体假设只能以微观层面的经济信息分析为核心。

其次,在对时间分期及持续经营假设进行研究时可以发现这两者的内在逻辑联系相对比较紧密,两者是你中有我、我中有你的关系,如果以主体假设为依据对企业独立法人进行分析，那么只有在保障两种权力独立性的前提下才能够更好地体现这一假设的关键作用和价值。另外，这一假设及诚信经营不会受到外部环境的影响，企业要以独立的报告和核算主体为原则和前提，明确财务会计科学处理的核心要求，积极处理各项事务，完成整个交易环节。工作人员要定期对财务信息进行相应的分析和研究，向上级主管部门提出相应的定期报告。如果假定主体能够实现持续经营并在日常经营过程中积极对经营成果进行反思和总结，那么就能够为后期的财务活动提供有效的依据，保障财务画像的准确性和合理性，这一点也是许多企业在竞争中的关键手段。

最后，在对持续经营价值层面进行分析时，要以经营价值和现状为主题和依据，了解不同解释的核心要求。一般来说，现实主体缺乏反证情况，因此，可以直接将其与持续经营相联系，保障企业能够在主动参与和实践的过程中有效地应对来自时代发展的挑战，从整体上促进自身综合经营水平稳定提升。其中，金融属性及确认基础的认识也非常关键，这一认识所涉及的内容比较复杂，现金流量制同权责发生制尤为关键。权责发生制的产生与发展存在许多波动性，各种不确定性因素都会影响实际的内容和形式，但是在对财务会计的基本准则进行分析和研究时则可以用经济环境为主体做参照。一般来说，权责发生制主要以收入和费用为主体来明确具体的数据，其中费用确认首先要分析支付费用的责任，了解两者的相应权利，在对不同的费用确认环节进行分析和研究时要先了解资产减少与增加的相互作用，确认某一项收入和负债减少之间的相关性，保障会计要素分析的合理性。有一部分学者站在宏观的角度，以编报资产负债表、损益表、全面收益表为确认基础，但是，在报表分析和研究的过程中，现金流量表则是重点。如果采取直接计算的方式对整个现金流量进行编制，那么首先要了解现金流量制的具体要求；如果采取间接的方式进行分析，那么首先要对不同的权责进行有效的转化，明确项目的核心要求，积极制定科学合理的现金流量制。

二、优化财务会计基本假设的具体构想

财务会计基本假设的具体构想是一个系统性的工程，在实践研究的过程中可以将其划分为不同的种类和部分。

首先，优化货币计量假设。其中货币计量假设主要以货币计量假设和非货币计量假设为主体，在此基础上构建完善的非货币信息确认及计量的工作准则和参考依据。还有一些无法实现量化分析的要素信息，在实践运作及项目决策的过程中有着关键的作用和价值，因此，必须对其进行重新分析和界定。大部分工作人员主要采取文字记述的形式进行相应的披露和信息分析，在这样的现实条件下要想体现信息使用的有效性和完善性，必须了解不同策略的应用技巧，积极构建完善的工作体系。

其次，不断优化财务会计分期假设。明确财务会计的分期要求和具体的策略，在

实现这一环节工作之后,针对不同阶段的具体差别了解折旧处置的具体措施,其中,财务会计分期保留非常关键。从另一个层面上来看,各部门需要结合企业目前运作的现实条件重新考量财务会计的具体内容和形式,结合部门处置的具体要求分析财务会计信息使用的限制条件,主动缩短财务会计报告周期。

再次,优化持续经营假设。在市场经济背景之下,许多企业在生产和实践运作的过程中以提高自身的稳定性为主题,不断实现自身的良性成长与可持续经营。优化持续经营要求生产经营企业以原有的持续经营假设为依据,分析竞争性与稳定性的实质要求,积极采取适合自身发展的运作模式,以此来促进项目的稳定经营和进一步发展。因此,有一部分学者在对其进行研究的过程中直接将其与可引入项目经营期假设模式相等同,对于具体的经济组织来说,在实际运作时将类型因素和时间因素相结合,了解优化持续经营假设的不确定性及在实践运作之中所面临的各类风险,通过对相关信息的深入分析和考量以有效地规避各类风险事件。

最后,优化会计主体假设。结合相关的实践调查不难发现,在采取传统的运作模式对实体进行界定和分析的过程中,首先,要了解实体企业对财务会计的标准转化,以基本联合体系为决定性质,分析具体的影响策略及操作标准,主动采取符合财务会计标准的策略及手段明确具体的工作性质。一般情况下,如果以经济利益联合体系为主体和参照的依据,那么先要对拥有协作及共同利益的企业体系进行分析及界定,了解实际的财务会计主体要求。其次,对于独立经营的企业来说则要结合自身运作的现实条件,了解与外部产生联系的实质要求,保证其能够积极实现自身的稳定运作,并直接与财务会计主体相等同,只有这样才能够体现一定的操作价值和意义。

财务报告与会计都以市场的进一步发展为主体。立足于企业目前发展的现实条件,积极将财务业绩、现金流量、财务状况等不同的信息纳入现有的财务分析报告之中,对各类信息进行分析研究可以了解企业的资源配置状况和主体效益、货币收益情况。从更宏观的角度上来看,财务会计信息的分析对提高企业的竞争能力、实现企业的良性发展、保证企业获得更多的经济效益大有裨益,我国在推动市场经济体系的过程中有必要对这些影响要素进行深入的分析和解读。

第三节　财务会计目标

财务会计目标是财务会计基本理论的重要组成部分,即期望会计达到的目标或者境界。探讨会计目标对会计的实践工作以及会计准则的制定既有重大的指导意义,又有较大的实践价值。

一、我国财务会计目标定位面临的问题

（一）会计环境面临重大变化

在世界经济一体化背景下，各国面对的经济环境更加复杂。一方面，人们对会计论文发表有关预测性信息、现金流量的信息、风险性信息的需求进一步增强。如何从会计角度恰当地反映这些经济业务成为各国会计界面临的共同难题。另一方面，会计正面临"全球性诚信危机"，会计信息舞弊成为会计行业发展的严重威胁。因此，面对错综复杂的经济环境，针对国内会计界的诚信危机，确立符合我国国情的会计目标就显得尤为必要。

（二）证券市场不规范及上市公司内部管理不规范

我国证券市场从有至今，经过高速发展，已初步形成规模，但仍不成熟，仍存在许多问题。例如，证券市场规模过小，资本品种类不足，证券市场制度不健全，上市公司内部管理不规范，投资者缺乏投资理念，非理性投资，证券公司综合竞争能力较弱，法律、诚信环境及监管体系有待完善，监管有效性和执法效率有待进一步提高等问题，这些问题需要慢慢地改进。

上市公司规范运作水平还不高，法人治理结构尚不健全；市场中介机构诚信观念、法制意识还较薄弱；弄虚作假、操纵市场、内幕交易等违法行为时有发生；投资者结构不尽合理；保护投资者合法权益的机制还不完善。

（三）现代企业及证券市场制度尚未全面建立

资本市场建设尚未完善，在较长一段时期内，企业大量资本的取得仍将采用传统的筹资方式，受托责任关系主要通过国家和国家授权的机构与企业经营者直接联系形成，资源的委托方与受托方可以明确辨认，国家作为委托方仍将占据重要地位。

证券市场制度是支撑证券市场高效、公平运转的基础，包括信息披露制度和利益保障与实现制度等。利益保障与实现制度是指证券投资者在获取有关信息后，给予证券投资期收益以必要的保障和实现的制度。我国证券市场的利益保障与实现制度很不健全，使投资者面临的市场风险过大，严重挫伤股民的投资积极性。从退出机制来看，我国尚未建立起相对完善的、与市场经济发展相对应的证券公司退出机制。国际化程度低、缺乏适应市场需求的多层次市场体系，作为资本市场基石的上市公司存在结构性缺陷，证券市场投机盛行。

（四）缺乏高层次、高素质会计人员

我国的会计教育水平和世界发达国家相比还存在差距。据测算，一个受过良好高等教育的人，在校获取的知识只占所须掌握知识的10%左右，而其余90%的知识需

要在工作中不断学习和更新。总体来说,我国目前高层次、高素质会计人员仍很缺乏,会计人员的知识更新不能满足市场经济发展的要求。据统计,我国某沿海经济大省从业会计人员中,具有高级会计师资格的只占从业会计人员总数的 0.13%,即便是这些高级会计师,其素质与企业发展的需要尚存在一定的差距。可见,我国会计人员现在缺乏的不是"证书""学历"和"资格",而是市场经济条件下的工作经验和职业判断的能力。这从根本上限定了我们对会计目标的定位。

二、我国应有的财务会计目标

我国现阶段财务会计目标的现实选择应该是以"受托责任为主,兼顾决策有用性"。将受托责任观和决策有用观同时纳入会计目标体系,才是适应中国特色的会计理论。

(一)新形势下我国财务会计目标的合理定位

就目前我国的情况而言,无论是上市公司还是国有企业,国家显然是会计信息的最大需求者。国家从宏观经济调控、税收征管、利润分配和考核监督的要求出发,需要企业会计提供相关信息。因此,我们将"满足国家宏观经济管理的需要"作为我国现阶段会计目标的首要环节。

从市场经济的角度来看,会计信息的提供主要是为了使投资者和债权人避免逆向选择风险和道德风险。针对这两种不同性质的风险,我们相应可以导出决策有用观和受托责任观这两种会计目标。而投资者和债权人的会计信息需求要求企业能提供同时防范这两种风险的会计信息,因此,我们的会计目标的定位应综合考虑决策有用观和受托责任观的要求,在二者之间权衡。考虑到上述我国现阶段的具体情况,受托责任观应暂时处于优先位置。

(二)定位我国的财务会计目标应把握的原则

通过以上的阐述,我们已经看到,会计目标是会计概念理论的逻辑起点,对会计确认、计量和报告具有一定的影响。它是客观存在的,但需要由主观来定位;它应该反映会计环境的需求,但又受环境因素的制约。一个国家是否能够建立会计目标主要是由与会计目标相关的存在因素决定的,而一个国家会计目标的定位是由与会计目标相关的定位因素决定的。任何一个国家定位本国会计目标都必须考虑会计环境因素。会计目标是会计理论的重要组成部分,而理论是有继承性的,因此,我国在定位会计目标时,不仅要考虑本国的会计环境,还要借鉴国际会计理论的发展成果。

(三)适合我国现阶段的财务会计目标

我国的会计目标可以经过前提性目标、基本目标和具体的目标来表述:

前提性目标——如实反映企业财务情形、经营业绩和现金流量。

基本目标——帮助实现办理,基本目标是不因历史环境的变化而变化的目标。

具体目标——具体目标可分为以下三个层次来表述:

第一层次:会计需要提供有助于各类会计信息需求者进行各种决策时所必需的会计信息,包括办理型投资人(如国资委)、职业投资人、企业经营者、贷款人、政府、公众等。

第二层次:根据我国的会计环境,现在企业应主要为办理型投资人提供真实可靠的财务会计信息。从相当长的一个历史时期来看,为办理型投资人提供真实可靠的会计信息基本上可以满足我国各类信息应用者对会计信息的需求。

第三层次:随着会计环境的变化,在体制允许的范围内,企业可以适当提供对职业投资者投资决策有用的会计信息。相比上市公司,主要需要提供企业经管责任信息,并且在条件具备和体制允许的范围内,适当提供对大众投资者决策有用的会计信息;相比非上市公司主要提供企业的经管责任信息。

(四)明确我国财务会计目标的界定

1. 财务会计目标

目标是指从事某项活动预期所要达到的境地或结果,它是具有主观见之于客观的特征,即是在一定的客观历史环境下,表达人的主观意识。会计目标是指会计系统预计在一定时期所要达到的目的。会计人员只是所有者或经营者的中介,会计信息的提供不受或少受会计人员支配。虽然有的会计人员本身是该企业的股东,以财务报告为主要手段的会计信息或经济信息经过会计人员、经理层、董事会传递到股东大会,最后得以批准发布。所以真正的信息提供者是现存的股东或相关利益者,他们向外提供信息是为了管理的要求或向潜在投资者和相关利益者的邀盟。他们通过企业尤其是股份制企业这种组织形式来追求各自利益的最大化,所以最根本的会计目标是提高经济效益和社会效益,完成经济责任和社会责任。

2. 会计目标体系

不同的历史时期会计所处的环境是不同的,会计的环境一直处于变化之中。会计目标应从属于企业目标,而企业目标又呈多元性变化,所以会计目标体系应该是由不同历史阶段,不同层次的系列目标所构成的复杂的网络体系。

会计目标体系应分为两个层次:一般目标或根本目标。一般目标在会计目标体系中处于主导地位,起着支配作用,是会计目标体系的灵魂,是会计人员、企业主体不断追求的境界。一般目标是会计行为的指南。企业目标是提高企业经济效益和社会效益,承担经济责任和社会责任。那么会计目标也应以提高经济效益和社会效益,承担经济责任和社会责任为目标,这也是会计目标的最终目标。特殊目标或特定目标是一般目标的具体运用,在不同的历史阶段不同的社会经济背景下,会计信息的使用者也不同或所占地位不同。因此，会计应据不同情况向不同会计信息需求者提供不同会计信息。当世界经济一体化，消除了会计环境的差异后，才能共同定位于会计目标——一般目标或根本目标上来。

第四节 财务会计要素

一般采用会计等式或者会计方程式来表述财务会计要素，它们是财务会计的基本表现形式。财务会计要素的结构形式决定着财务会计要素的体系模式，还决定着各要素之间的依存关系。经济环境的不同决定了财务会计要素的结构表现形式的不同。所以需要把握财务会计要素的实质，这样才能了解它的结构模式。

一、财务会计要素的含义

作为基本概念框架的出发点，财务会计目标是了解和理解会计要素基本含义的关键所在。在进行财务会计工作时，财务会计目标就是设定达到的水平和结果。目前，主要有"决策有用观"和"受托责任观"两种观点来认识和了解财务会计目标。受托责任观和决策有用观都是建立在财务会计对外提供财务信息并描述会计主体的现实情况的基本观点之上的。所以财务会计目标可以描述为：向外界提供的描述会计主体的财务及其相关信息。

财务会计通过不同的指标从不同方面和角度描述了会计主体的具体的特征信息。综合各个指标，描述构成对会计主体情况归纳总结反映具有相同的性质特征或本质的具体指标，并对这些指标进行整理，这样有助于归纳和分析总结繁多琐碎的指标，对会计主体的整体情况进行描述，就构成了财务会计要素。

财务会计要素与具体目标之间相互作用，密不可分。首先，财务会计目标决定着会计要素的具体范围和分类，要求会计要素对外提供财务信息并描述会计主体的实际情况。其次，财务会计要素是描述会计主体的情况的客观指标，制约着财务会计目标的范围，限制了人们对偏离实际要求的欲望。因此，在满足对目标的要求的基础之上，对财务会计要素进行划分，避免因为财务会计目标的改变引起财务会计要素的相应变化。只有财务会计目标确定，才能进一步确认具体要素，然后生成企业的财务报告目标。

二、财务会计要素的构成

会计要素是会计对象在理论上的具体化的表象，通过对会计对象的具体的分类来确认和计量会计要素的构成。

（一）会计要素

根据对系统论的基本认知，一个完整的系统包括主体、客体、主体支配客体的具体方式。会计可以被看作是信息交互的系统，包括会计人员作为系统的主体部分，企业运转的经济数据作为系统的客体，程序、载体作为系统的运行方式。相关的会计人员、经济数据以及运行方式被看作是会计要素最为基础的内容，是第一层次。但是当会计信息系统的客体是经济数据时，此时的经济信息的综合性较强。经济信息是客观经济活动的状态、特征的综合表现，还可以按照这些数据的经济特征对会计要素进行第二层次的划分。

（二）会计对象要素

关于对会计本质的认知，我国会计学者对会计对象看法的不尽相同，众说纷纭。会计对象要素是指构成会计对象的必要因素在资金运动论中，会计对象是一种资金的流通，在再生产过程中产生。在价值运动论中，会计对象既表现为一种经济活动中产生的资金或者资本运动，又是一种在经济活动产生的商品的价值运动。在财产论中，会计对象包括再生产过程及其所涉及的财产；在经济利益论中，会计对象就是指经济利益和在此过程中产生的增减变动。不同的学者对会计对象进行分析，可以发现大多数都受到了资金运动论的影响，认为会计对象是一种企业的资金运动，这在学术界已经达成了共识。

（三）会计报表要素

财务报表是公司或者单位的财务会计系统向外部提供财务的统计信息的主要载体，可以如实地反映企业管理层对受托责任的具体实行情况，可以用于向报表使用者提出依据，并做出经济决策。会计报表都会有固定的格式来呈现企业的财务信息，可以根据报表的具体内容反映出企业最近的财务状况和现金流量以及经营成果等详细的会计信息。在人为因素的影响下，会计报表会受会计目标的限制，客观经济环境也会使财务报表受到影响。内部信息的处理和加工的方式也会影响会计报表以及会计业务的处理。

三、财务会计基本要素结构理论

（一）会计学收益本质理论

会计学者主要是通过阐述经济业务的相关内容来理解收益本质，企业可以在从事经营活动的过程中来实现企业的盈利，依靠经济业务，产生经营的费用、获取收入。在这种观点中重在对利润的计算，并把损益性费用被计入当期损益中去。三者之间的关系可以用公式表示为：

$$收益（利润）= 收入 - 费用$$

（二）企业主体理论

企业是财务会计存在主体，它具有独立的人格，这是企业主体理论的基本观点。企业的经济业务和事务与个人事务不尽相同，因此，需要区别对待。在持续的经营活动中，企业具有对企业净资产的使用、占有、处分的权利。在该理论体系下，由于负债和业主权益都是企业资金的来源，地位相同，可以将它们统称为权益。该理论能够满足现在的公司制企业的需要，也是现行的处理会计事务的理论基础。该理论成立的基本结构模式的表达公式具体如下：

$$资产 = 负债 + 业主权益$$

（三）所有权理论

根据该理论，财务会计要素结构模式是由企业的产权关系问题的界定来决定的，企业的产权问题主要是业主权益，是该理论的理论中心。该理论比较适用于独资企业和一些合资企业和组织。资产是指业主在经济活动中可以实现的权利，属于正资产；负债是指业主在经济活动中所需要承担的义务，属于负资产。业主所拥有的净资产是指减去自身需要承担的负资产后所拥有的企业净值。该理论确立的基本结构模式的表达公式具体如下：

$$资产 = 负债 - 业主权益$$

随着财务会计要素的具体概念的向前发展，推动着财务会计要素体系在理论和实践中不断地完善。会计要素从传统的会计理论中逐渐转移，从原本的收益为中心向资产方面转移，这是现代财务会计不断发展与进步的一个重要标志。

第五节　财务会计原则

目前，我国学术界都在讨论如何构建有中国特色的财务会计概念框架。会计原则作为财务会计概念框架的重要内容，是制定会计准则和进行账务处理的标准。我国《企业会计准则》规定的十几项会计原则原本是一个统一的整体，但是在一定的条件下，它们之间也会产生一些矛盾。如果不处理好财务会计原则之间的矛盾，将会导致不良的甚至是严重的经济后果。本节从财务会计原则之间的矛盾入手，以会计目标为导向对财务会计原则的层次结构进行探讨和划分，希望能对完善我国会计准则、指导会计实务工作有所裨益。

一、财务会计原则之间的矛盾

（一）可靠性原则和相关性原则之间的矛盾

可靠性原则要求会计工作的内容真实、数字准确、资料可靠，会计信息可被验证和审计。在市场经济条件下，经济环境的不确定性不会让企业资产长久地停留在某一个价格水平上。当资产的可变现净值下跌至成本以下时，采用账面价值入账符合可靠性原则要求却违背了相关性原则。在非货币性交易和债务重组中，对于资产的入账价值是采用公允价值还是账面价值也是一个值得关注的课题。

（二）相关性原则与谨慎性原则之间的矛盾

相关性原则要求会计人员提供有用的财务报告数据，作为经济决策的依据。在现实社会中，某些经济业务具有很大的风险性，对企业来说可能带来收益，也可能带来损失。例如，按照《企业会计准则——或有事项》的规定，在符合一定条件时企业可以确认与或有事项有关的负债，但不确认有关的资产。这虽然符合谨慎性原则，但是不符合相关性原则，因为不论是不利事项还是有利事项，对信息使用者的决策都具有相关性。

（三）可比性原则、一贯性原则与谨慎性原则之间的矛盾

可比性原则和一贯性原则要求同一企业不同时期采用统一的会计政策，使不同时点的会计信息可比；不同企业同类交易计量和列报的口径一致。但是谨慎性原则允许会计环境发生重大变化时，企业根据实际情况选择适当的会计程序和会计处理方法进行核算。这就使得谨慎性原则与可比性原则、一贯性原则发生冲突，使不同企业之间和同一企业在不同时期缺乏一个统一的核算标准。

（四）可靠性原则、相关性原则与权责发生制原则之间的矛盾

例如，投资企业采用权益法核算长期股权投资，《企业会计准则——投资》规定，当被投资单位产生净收益时，投资企业应按照所持股权比例计算应享有的份额，增加长期股权投资的账面价值，确认投资收益，这符合权责发生制原则。但是这部分投资收益企业本期并没有真正收到，被投资单位日后既可能分配股利，也可能少分配甚至不分配股利。把不应确认的资产项目在财务报告上列报，会导致投资企业资产和利润虚增，误导信息使用者，违背了可靠性、相关性原则。

（五）可比性原则与明晰性原则之间的矛盾

可比性原则要求不同企业使用统一的会计处理程序和方法。但如果企业不分大小都使用同一套会计制度的话，对于小企业来讲，其会计处理方法则过于复杂，不具有明晰性。对于不同行业的企业来说，一味强调可比性原则也是没有实际意义的。

（六）历史成本原则与可靠性原则之间的矛盾

历史成本原则要求企业的各项财产物资按取得时的实际成本计价。在物价变动的情况下，采用历史成本计价不可能反映企业各项资产的实际价值，会导致企业损益计算失真，利润分配不实。这完全违背了可靠性原则。

二、以会计目标为导向划分财务会计原则层次结构

我国理论界一般认为，会计目标是财务会计概念框架的逻辑起点。阎德玉教授认为会计目标是为投资者、债权人等会计信息使用者提供在经济决策中有用的财务会计信息。可见，会计目标不仅是会计理论研究的出发点，也是会计实务的指针，是一切会计活动的准绳。

在划分纵向层次结构时，选用哪个会计原则更有利于会计目标的实现，就将其列在前面；在划分横向层次结构时，应当抓住会计原则之间的主要矛盾。将矛盾较少、属性相同或相似的会计原则划分为同一层次。当同一层次的会计原则发生矛盾时，优先适用左边的会计原则。

（一）第一层次会计原则的确定

会计目标主要是为投资者、债权人等会计信息使用者服务，这要求企业提供的会计信息真实、可靠，尤其是要做到不偏不倚地反映经济活动的过程和结果，所以可靠性原则和相关性原则应该作为第一层次。在第一层次的会计原则与其他层次的会计原则发生矛盾时，应抓住矛盾的主要方面，坚持以第一层次的会计原则为主、其他层次的会计原则为辅。例如，在领用和发出存货时，可以采用先进先出法、后进先出法、加权平均法等多种计价方法。如果企业采用先进先出法核算存货，当物价上涨时就会高估企业当期利润和库存存货价值，会计信息就会丧失相关性，此时应该改用后进先出法。

（二）第二层次会计原则的确定

会计信息除了要可靠、相关外，还要做到及时提供和清晰明了，在横向和纵向上可比。所以把及时性原则、明晰性原则、一贯性原则和可比性原则作为第二层次，进一步对可靠性原则和相关性原则进行说明和补充，以保证会计目标的实现。

（三）第三层次会计原则的确定

把权责发生制原则、历史成本原则等六个会计原则划分为第三层次，该层次主要是确认和反映方面的原则。权责发生制原则、配比原则、历史成本原则是"度"的限制；重要性原则、实质重于形式原则、划分收益性与资本性支出原则是"质"的限制。

（四）第四层次会计原则的确定

把谨慎性原则划入第四层次，作为对前面会计原则的补充和修正，以保证会计信息具有可靠性和相关性，进一步实现会计目标。现代市场经济中处处充满风险，如果不坚持适度谨慎，就会忽视风险，同样不利于对会计信息的科学处理。

三、财务会计原则层次结构划分的指导意义

（一）对我国财务会计概念框架制定的指导意义

理论界大多认为，财务会计原则是我国财务会计概念框架中的重要部分，并且贯穿于整个财务会计概念框架中。合理的财务会计原则层次结构划分为制定我国的财务会计概念框架提供了正确的逻辑思路。同时，财务会计原则层次结构划分可以有效地协调好财务会计原则之间的矛盾，使我国的财务会计概念框架兼具科学性和实用性。当财务会计原则之间发生矛盾时，会计人员就可从财务会计原则层次结构上考虑问题，从而对财务会计原则进行科学选择，使会计处理更具科学性。

（二）对我国具体会计准则制定的指导意义

财务会计原则层次结构具有普遍适用性和长期稳定性，适用于所有的行业和企业。以可靠性和相关性作为第一层次的会计原则，能有效解决我国在制定具体会计准则时遇到的矛盾。例如，我国《企业会计准则——固定资产》规定，固定资产的修理费用应该直接计入当期损益。如果企业当期发生了很大一笔固定资产的修理费用，把这笔修理费用计入当期损益，虽然坚持了权责发生制原则，但是违背了相关性原则和配比原则。根据财务会计原则层次结构的纵向划分，对于数额较大的修理费用，应坚持贯彻相关性原则，将其分期摊销，这也符合配比原则的要求。

第六节　财务会计的基本程序和方法

一、财务会计的基本程序

（一）现代财务会计基本程序的意义

1. 确认

现代财务会计的第一个程序是确认，主要工作内容是将原始的基础信息通过人工记录、整理。确认又分为第一步确认和第二步确认。

（1）第一步确认。应否确认是指当企业进行商业活动或者是资金调用时，财务工

作人员要及时地判断出是否应该对这项工作的信息做记录。工作人员要根据公司的规定和具体情况进行确认，不能擅自行动，保证公司财务信息的机密性，避免出现信息泄露问题。应否确认这一过程，保障企业的合法权益。

何时确认是指企业在进行商业活动事件时，对已经得到确认的信息进行确认的时间点。何时确认这一过程没有具体的规定时间点，而是根据具体的交易过程来进行控制，这就要求企业有能够进行自主确认的自觉与能力。这一过程体现了一个企业财务工作的严谨性。在已经确定了前两步之后，如何确认就成为第一步确认的主要工作。

（2）第二步确认。与第一步确认不同的是，第二步确认的主要工作是对已经记录好的信息进行核查、整理。对日常交易的数据信息进行检查，核查账单中可能出现的错误并进行改正，对比交易中出现的款项与货物，确保已经记录的数据的准确性。

2. 计量

在财务会计工作的基本程序中，计量是核心工作。这一过程的主要内容是将企业的财务活动、资金使用情况进行详细而准确的计算，并且对于不同货物要选取不同的计量单位和计量方式，确保其准确性。一个企业的财务报表包含企业进行商业活动时的所有计划，关系着企业的发展以及相关财务人员的工作内容。所以对于已经记录的信息，要进行详尽的核算，确保不会出现失误。

3. 披露

现代财务会计基本程序的第三个部分就是披露。在财务信息处理系统中，有一个对其他的财务报表进行表述的程序，就是披露。因为财务信息处理系统中不仅要对财务报表进行分析，还要通过分析其他的财务报告来获取更为详细的数据。"披露"与前两者最大的不同是前两者处理的对象是已经记录好的数据信息，而披露所处理的对象不一定是定量定性的数据，可以是对企业未来发展的估计，也可以是根据财务报表对经济发展趋势的预测。而在一般的财务报表中，披露基本可以分为财务报表附注与报告财务信息的其他手段这两类。

（二）现代财务会计基本程序中存在的问题

1. 会计信息确认失真

目前的财务工作并没有做到企业规定要求的那么严格，所以对于财务上的许多信息在处理时，并没有遵循完善的操作步骤，仅仅是对数据进行机械的记录，没有对财务报表中的信息进行进一步的核实。这种情况下可能会出现失误。

内部原因：企业相关财务工作人员的专业素质不够高，对于专业性的操作完成得不够好，对于财务信息的处理只是进行了简单的记录，并没有对其进行深入的整理分类。导致财务信息混乱，会计信息确认失真。

外部原因：受市场大环境的影响，很多企业一味地追求利益，对于企业内部的财务管理不是很严格,导致财务管理混乱,财务工作不遵守基本程序,财务信息的整理不够清楚。

2. 财务会计计量出现的问题

企业的财务活动所涉及的对象范围非常之广,所以在对这些数据进行计量时,如果不够严谨,就会出现计量单位混乱的问题。一旦出现这种问题,可能会导致整个财务报表的数据集体错误,给企业带来极大的损失。

3. 会计基本程序中法律法规的缺陷

我国当前对于财务会计这一方面的法律法规并不完善,所以在进行财务工作时,并没有具体的法律对工作程序进行规定,这一漏洞使得许多的失误无法被及时的制止,给财务会计工作带来许多的问题。

(三)改善上述问题的措施

1. 提高信息质量

对于企业所有的商业活动,其财务报告要严格按照规定来完成,对数据信息进行严格的整理与核查,杜绝人为失误的产生,提高信息质量。

2. 加强对计量程序的重视

作为会计基本程序的核心,要对企业每一项数据进行准确的计量,对不同对象的计量单位与计量方式进行仔细区分,不能混淆。

3. 完善会计法律法规

要想建立一个健康有序的财务工作环境,完善的法律制度是必不可少的。加强对企业的监督,加强每一项工作的审核过程,可以使企业的财务工作变得更加高效。

会计工作包含企业财务的方方面面,对企业的运营,企业财报的总结以及盈利都能完整地反映出来。对企业的财政报告进行分析,可以对企业的发展情况进行总结,预测市场的经济走势,对企业可能遇到的风险进行提前预估,准确计算企业的运行资金。可以说现代财务会计的基本程序,是企业财务工作的基础。当今中国的企业发展环境越来越完善,对于企业财务工作方面的要求越来越高,所以正确地认识会计基本程序的重要性,对企业的发展有极大的好处。

二、财务会计方法

经济一体化的不断发展导致全球经济竞争日益激烈,而我国企业要在这种严峻的趋势下保持良好的竞争力和长期稳定的发展,就必须减少企业压力,使企业得以游刃有余的成长在这种大环境之中。财务会计在此时就必须发挥自身统筹指引企业发展的职能,在不违反国家法律法规的前提下最大限度地减轻企业压力,促进企业长久稳健发展。

（一）企业财务会计方法的内容

会计处理方法即会计处理企业财务资料过程中使用的具体方法，其中包括会计确认方法、会计计量方法、会计记录方法和会计报告方法。这些方法共同构成了一个有机的整体，称作会计处理方法。不同的会计处理方法会对会计资料的对比和一致性造成不同程度的影响，使得出的会计资料的使用大打折扣。《会计法》第17条中也有明确规定，各单位采用的会计处理方法，前后各期应当一致，不得随意变更；确有必要变更的，应当按照国家统一的会计制度的规定变更，并将变更的原因、情况及影响在财务会计报告中说明。按照以上规定更加有利于会计从业人员和企业管理人员进一步了解会计处理方法变更及其对会计资料影响的情况。

（二）财务会计的方法体系

1. 财务会计研究中广泛应用模型模拟方法

模型的使用可以加深操作者对事物本质的了解。模型化实际上是一种实验方法，财务研究工作运用典型的财务模型和特定的数学方法，对所研究的对象进行精细的描述，并对相关内容进行加工、改造，找出变量之间的相互依存相互制约的关系，用以提到预测结果的科学合理性，给企业提供最准确的经营状况分析。我们常用的模型有存货控制模型、利用线性规划进行最优决策的模型、量—本—利分析模型等。运用这些模型可以把复杂多变的经济业务单纯化、抽象化，使会计信息使用者更加清晰的认识事物的本源。但是，这种方法也存在一定的缺陷。模型只是一种假设，假设就难免发生与事实不相符的状况，而且由于实际情况的复杂变化模型数量的增多，再兼顾决策变量要求，模型本身也更加复杂化，套加的财务模型就更难以为企业决策者掌握，也就失去了实际效用。

2. 重视实证研究

为保证企业分析数据的准确性，财务会计必须对日常经济业务进行细致考察，并结合科学实验考证原始凭证的准确性以及合理性，随着经济环境的不断变化，企业要求的不断更新，财务会计也必须与日俱进避免理论和现实脱节的状况，适应企业具体要求。并且在"实地研究"的基础上，许多专家学者又提出了"案例研究"这种取证方法。案例研究是指，相关工作人员根据已存在时成功企业经营案例，做出详尽的研究报告分析本企业经营状况，指导以后的会计实践和财务教学的一种合理研究方法。

3. 会计处理方法的一贯性原则

一贯性原则是会计处理的基本原则之一，企业不同会计期间的数据报告之间需要对比，就要坚持一贯性原则。一贯性原则是指：在确认、计量、记录和报告经济业务事项时所采用的会计原则、会计方法和会计程序前后期应当保持一致。在同一情况下，同一经济业务的处理方法有很多种，会计处理的方式多种多样，而根据不同的方法预算出的经营状况也可能大相径庭。举例如下：企业用不同的会计处理方式核算出的企业本年利润低于以前年度，并不能证明今年的经营状况就比以前年度好，因为会计处理方法的改变可能会导致利润归属期的转变，这只是一种处理方法改变造成的结果，事实并非如此。而这样转变之后企业财务报告的实用性就大打折扣，无法正确完整地体现企业的真正经营状况。无独有偶，在某些企业正是运用更改财务会计处理方式的方法来掩饰其真实的财务状况，弄虚作假，用欺骗的手段拉取投资者、债权人以及引起公众关注等目的，这种行为不仅违反了会计制度，也严重影响了社会秩序。所以《会计法》中就特别强调会计处理必须按照一贯性原则。当然，一贯性原则并不是说绝对不允许各单位变更会计处理方法。在单位的经营情况、经营方式、经营范围，或者国家有关政策规定发生重大变化时，企业可以根据实际情况，选择更适合的会计处理方法进行会计处理，要从实际情况出发，以反映单位经济客观真实的情况为最终目的。因此，《会计法》允许确有必要变更会计处理方法的单位，按照国家统一的会计制度的规定变更，并将变更的原因、情况及影响在财务会计报告中予以说明。

（三）财务会计方法在企业中的运用

企业中会计处理经济业务时需要根据一定的程序进行。通常情况下可以分为以下几个阶段：收集资料，转换资料，计算、储存资料，得出财务报告。而且每个企业在一个会计期间里，必须将期间发生的所有经济业务进行：收集—转换—计算—储存—汇报，经过以上会计处理，使经济业务转变为会计信息为企业决策者使用。会计循环就是从分析企业的经济业务到得出会计报表的一整个过程，并且不断循环，周而复始。

以上陈诉的会计程序，就是要求我们把日常发生的各类经济业务进行记录、分类、汇总，并集中反映到企业每个月份的财务报表上，用来解析企业一段时间内的经营状况和财务现状，也是分析企业效率、效益的有效凭证。会计工作的管理职能，就是通过记录、分析、汇总企业经济业务和资料过程来实现的。

以上会计处理程序及方法体系，表明经济业务发生后，经办人员要取得或者填制原始凭证，并经会计人员审核整理，按照设置的账户，运用复式记账方法，转换（编制）为记账凭证，并据以输入（登记）账簿中；根据凭证和账簿记录（储存）资料对生产经营过程中发生的各项费用进行成本计算，运用财产清查对账簿记录加以核实，在保证账实相符的基础上，定期将储存的数据资料输出，编制会计报表。

不管企业使用的是"手工簿记系统"方法，还是"电子数据处理"（EDP）方法，它们处理会计资料的方法都是根据同一基本会计原理，所以在处理程序上基本是相同的。

第二章 财务会计发展研究

第一节 财务会计新变化

一、大数据时代的到来

随着新技术模式在人们生活的方方面面不断发展，人们接触的信息类型也呈现出多样化，这些不断变化的信息逐渐使我们步入了大数据时代。大数据是指种类众多，数量无法准确判断，在相应时间内不能运用常规的软件处理方法进行计算处理不断变化的海量数据，这些数据必须通过新形式的处理方法才能进行使用、分析、提取有用信息，为企业创造价值。

大数据是高科技发展到如今时代的一种特征和产物，这些信息资源原本一直存在在人类的生活中，只是之前的技术能力不允许我们收集和利用这些资源。在如今云计算的创新推动模式之下，这些原本看起来很难集中使用的信息变得容易利用起来，在各个方面技术创新的发展之下，数据资源能为人类的商务交往、日常出行交流带来更多的价值。

就企业利益而言，大数据分析能为企业提供精确的消费者需求偏好，帮助企业更好地服务小型市场，企业能更快速地确定目标消费群体，制定合适的消费广告和商品策略。传统企业也能利用大数据模式明确当下消费者喜好，结合自身业务模式，成功地实施转型策略，与时俱进，不被快速变化的消费者社会所抛弃。当代创业者也能利用大数据成果分得一杯羹，变化的社会必然带来新的生活方式和商品服务需求，这些新进入市场的企业可以从大数据中得知这些变化，从而在市场中赢得一份利益。虽然大数据能为这些企业带来价值无比的可靠信息和资源，但不可否认的是海量且不断变化的信息也会提供误导的、无效的信息。如果能够高效地甄别这些信息资源，实时地分析处理这些资源，企业能够提出更好的商业战略。

二、大数据兴起对财务会计的影响

会计信息是反映企业财务状况、经营成果、现金流量的财务信息，帮助相关利益者，如管理者、借款人、投资者、员工等快速地了解企业状况。企业优良的业绩和成功的突破会显示在会计信息中；企业失败的投资，负面的社会影响也会在会计信息中展现。所以会计信息是评价企业利益状况的重要依据。

（一）会计信息的准确性得到了提高

会计信息能反映企业的财务状况、经营状况、现金流量。在大数据技术的运用下，企业能实时更新财务公允信息，使得会计信息更加符合当下企业的时点财务状况，提高了企业财务状况的准确性和透明性。除此之外，传统的会计信息处理通常采用人工记账和确认，这期间难免发生人工计算误差和核对疏漏，大数据引进的高科技计算模式则可以避免这种错误，企业能够更加快速、准确地处理和记录各种财务信息。促使企业更加有效地认识当前财务状况，有序地进行日常业务操作，提出更加合理的商业策略。

（二）会计信息资源实现了平台间的共享

大数据技术在云计算的笼罩下得以实现，意味着会计信息不再封闭在某一部门之间。云计算的便捷性能够使大量数据得以储存，并在企业不同部门内共享，比如采购、生产、销售等不同部门之间能同时明确实时存货数量、销售数量，并做出相应的采购和存储策略。

另一方面，云计算也能实现大数据的成果在企业和供应商、客户、银行、会计师事务所等相关利益方之间的数据共享，传递企业的实时数据信息，减少信息分享的成本，使得企业与利益方的合作更加透明和稳固。随着大数据技术的不断创新和发展，产业链的上游和下游数据共享会以更快的速度传递，企业的日常业务应用能得到更广泛的实施，消费者的生活也会得到极大的便利。

（三）更深层次处理财务会计信息

大数据技术将企业一定时间内海量的信息加以整合、处理、分析，从而得出全面的企业财务状况和经营情况数据，帮助企业制定出更加切合企业战略发展的策略，也帮助相关利益人员分析确定和企业相关的交易决定。在传统多采用人工的手工时代，员工通常无法得出更加有效的信息，仅仅是在简易的财务计算之后就将财务资料存档保留，没有充分利用财务信息的用途和价值，浪费了许多宝贵的财务信息。而大数据技术能够根据不同部门的特色挖掘财务信息的深层价值，或者根据企业业务的特点对比财务数据，从而提供企业想用的市场规律、目标人群、有潜力的商品类型等重要信息，帮助企业更好地实现利益。

三、大数据时代下财务会计的变化趋势

（一）财务会计的信息化程度会大幅度提升

在大数据时代，会计日常工作离不开信息技术，信息技术能够帮助会计工作者快速整合会计信息，在处理会计信息的过程中，信息技术能准确有效地计算出数据结果，避免人为错误和纰漏。所以未来的财务会计工作必定会在会计信息化技术上投入更多的资本，加大创新型会计软件的研发，创造出更多的适合各个产业、便利有效的会计软件。同时，各行业的会计部门都会加大会计信息技术的基础建设，如计算机硬件设施，会培养会计从业人员进行相应软件的使用，提高会计电算化素养。其次，会计信息化在企业内部各部门间的普及，对于企业快速发展和持续经营理念的实现尤为重要。会计信息系统能够在企业内部同一个平台上及时分享最新的部门采购、生产、销售情况，为企业下一步策略的制定和实施提供了重要的依据。因此，企业会加速建立和完善一个企业内部部门共享和传递业务信息的平台系统，推进日常业务工作的进行。财务会计信息化程度的全面改善对企业会计工作的有序进行有重要意义。

（二）企业会对内部会计信息采取更多保护措施

大数据技术虽然能够更完整地储存会计信息，方便企业日后查找，但它也将企业的内部信息更加完整地暴露给能攻破企业内部数据技术的其他网络人员。一些核心数据能让竞争企业充分明确企业的竞争优势，从而制定相应竞争策略，这会对企业带来严重的打击。在大数据时代，任何的电子信息都不是百分之百安全的，所以企业会不断地完善安全系统，确保一个安全的财务环境。企业会不断加大在信息技术安全上的投入，聘请专业的信息安全人员，在挑选会计信息系统时结合企业所有部门的特点，对会计信息系统进行全面的分析和衡量，将财务信息的安全风险降到最低。企业还会重视市场上信息系统资源的变化，电子信息技术的进步，对企业的安全系统进行不断升级，及时确定新的计划，从而保护电子信息资源的安全和企业的利益。

（三）传统的财务会计会逐步向管理会计转变

传统的会计人员通常是将企业会计信息进行简单的确认、计算和记录，然后将记录好的数据用报表形式展示各企业管理者。因为传统的会计人员技术有限，没有会计信息技术的支持，简单的会计处理会占据大量的工作时间，且无法分析出会计信息中深层次的价值。但是大数据时代下的会计人员可以借助会计信息技术快速完成日常的会计记录工作，而且大数据技术能深入挖掘财务信息的价值。这意味着会计人员不会仅仅从事简单的记录工作，会从不同方面、不同程度对企业的财务状况进行分析，找出企业发展过程中存在的问题，对企业的经营状况进行客观的分析；并提出可能的解

决方案，与其他会计人员进行协商，帮助企业管理者做出更好的决策。企业在大数据时代下的企业决策通常是经过数据技术全面的分析和了解之后制定的，这些决策能够更好地保障企业的利益。

从以上的分析来看，大数据的到来为企业会计工作带来了诸多的好处，提高了会计信息的质量标准，也便利了企业内部之间和企业与外部企业之间的合作，针对这些变化，企业财务会计会在电算化程度上有全面的提升，并逐步向管理会计转变。

第二节 财务会计发展趋势

随着我国经济社会的快速发展与进步，当代企业的发展已经不再能够完全依靠旧形式的财务会计管理方式来处理日常工作，当代企业若想打破财务会计工作对企业发展所产生的阻碍作用，就必须要对财务会计相关工作进行全面的改革创新。经济社会的快速发展，对于企业各方面的工作都有了更加严格的要求，企业想要在经济发展的浪潮中获得长足的发展，就需要及时根据自身财务发展的状况，有针对性地调整企业的财务会计工作模式，推进财务会计工作的全方位改革，在顺应市场经济发展大潮流的背景之下，为企业自身的发展创造一个良好的发展空间。

一、当代财务会计的发展

（一）财务会计的内涵

1. 财务会计的含义

当今社会，财务会计行业的发展依据其自身服务对象的目的可以分为两大系列，一是指管理会计，二是指财务会计。财务会计主要的工作就是为其雇佣者提供企业相关的财务信息，不仅包括投资人、债权人，还包括政府等相关的一系列部门。财务会计工作的灵活性相较于其他行业而言会低一些，通常情况下，财务会计的工作会有固定的工作标准以及相应的计量程序，对于财务的核算也有独有的会计准则进行要求。相关的工作人员在进行工作之前，会接受专业的职业训练，财务会计对于企业的良好运转具有不可替代的作用，能够全方位地管控企业的发展方向，对于企业的相关决策具有决定性的作用，从而最大限度上保证企业的运转方向。

2. 财务会计的特点

财务会计的一系列工作比较复杂，其核算的内容基本都是企业的财务整体部分，正确的财务会计工作能够准确地计算出企业运转过程中的盈亏，对企业的经济效益做出精准的把握，帮助投资者预测出最正确的投资方向，最大限度上实现企业经济效益最大化。

（二）财务会计的发展历程

财务会计最早是伴随着生产活动产生的，后来随着社会经济的快速发展以及科学技术的飞速进步，企业的生产发展效率也大大提升，企业将自己的发展重点转向生产技术层面，财务会计就逐渐在这一过程中成为把控企业的重要手段之一。财务会计能够精准地计算出企业的营业利润，控制企业的发展方向，将企业发展所涉及的虚拟资产以及实际资产进行明确的规划，但是财务会计的工作主要是通过人工输入完成的，这就导致企业在财务会计工作方面需要投入巨大的人力以及物力资源，在大面积处理企业相关工作的过程中可能会对企业的整体工作进程产生一定的制约作用。随着时代的变化与发展，财务会计的相关技术也获得了快速的进步与发展，在节省成本的基础上还能够最大化地实现信息的录入工作，推动企业更方便地整体运转。

三、当代财务会计发展过程中的问题

（一）财务会计从业人员素质较低

1. 业务能力不强

财务会计工作最重要的就是财务会计相关的工作人员，财务工作人员的个人素质非常重要，工作人员的素质在很大程度上能够决定财务会计工作能否顺利完成。但是，从当前我国财务会计工作工作发展过程中所面临的问题来看，财务工作人员的业务能力还较弱，部分工作人员的工作素质还有待提升。

2. 理论基础薄弱

财务会计工作需要非常强的理论知识，因此，企业的相关工作人员需要拥有熟练且顺应时代潮流的财务理论知识。但是，当前企业的财务会计工作管理人员在工作中的理论知识储备存在一定的问题，在企业日常工作的过程中，并没有及时地更新自身的知识储备，并且他们工作的积极性也不够高，导致企业的整体财务质量都不够高，财务处理效果也不够有效。

（二）企业管理建设不完善

1. 企业管理建设完整度欠缺

企业财务的管理制度在建设的过程中本身就不够完善，企业自身的发展过程也不太注重相关部分的管理建设，这导致财务会计相关工作虽然有较长的发展时间，但由于企业管理建设的不完善，依旧会存在各种程度上的问题。这就非常容易导致企业出现财务问题，甚至会产生一定程度的经济损失。

2. 内部管理制度不完善

随着我国经济的快速发展，企业经济获得了巨大的发展空间，财务会计工作也相应地获得了较快的发展，过于快速的发展会导致财务会计工作出现各种问题。长此以往，就会影响企业的整体发展。财务会计工作的开展创新一直以来都不够积极有效，因此，财务会计工作发展与企业的整体发展相比较会存在滞后性，逐渐就会制约企业的整体发展进程。

（三）政府管理贴合度不够

1. 政府监督不到位

随着时代的快速进步与发展，社会的整体形势变化得极快，政府对于快速产生变化的企业管控力度也出现诸多问题。近些年来，我国的财务发展在监测力度以及监测相关规章制度的建设方面都存在不够完善的问题。我国的大部分企业在发展过程中，对于企业的财务管控能力都有了较大的提升，但就整体而言，对于财务的管理工作还是存在一些漏洞，这对于财务会计工作会存在很大的制约性，并且有可能会影响企业的整体性发展，甚至可能会导致企业产生经济损失。

2. 相关法律制度缺失

我国正处于法治社会的发展过程中，整个社会的进程都需要相关法律制度进行约束，财务会计工作也需要相关法律制度的制约。但是，当前我国对于财务会计工作的相关法律制度的确立还不够完善，相关法律制度的确立也并未与快速发展的经济社会相对应，法律制度缺乏创新性，这在很大程度上也会导致我国的财务会计工作自身的发展不够健全，无法完全地实现财务会计自身的全方面发展，也无法满足经济社会快速发展的需求。

（四）网络建设存在漏洞

1. 专业化网络管理工作者缺失

当今社会已经全面进入数据化时代，科学技术的全方面应用对于整个社会的各个行业都具有非常大的影响作用，但是对于新型技术的应用最终是需要专业的技术人员来进行运作的。财务会计工作人员将企业的会计工作与信息技术相结合能够实现企业财务会计工作的高效率运作，但这也对会计人员有了更高的要求。当前企业的财务会计工作在专业化网络管理工作者方面较为缺失，这也是制约企业获得快速发展的重要因素之一。

2. 网络专业设备不完善

互联网技术的全方位应用对于企业的财务会计工作而言，一方面大大地提升了其工作的效率，另一方面也对企业的财务会计工作相关专业设备提出了更高的要求。企业的财务会计工作本身会具有独有的运作设备，但是随着互联网技术的全新应用，就需要更加高科技的相关专业设备。对于企业而言，旧设备并未达到被报废的程度，进购新式设备在一定程度上就浪费资源，但是旧式设备与新型技术之间的匹配程度又存在一些不吻合性，就会比较容易导致整个财务管理信息的管控出现问题。互联网技术的发展导致了财务会计工作所需要的信息逐渐网络化，这就对会计相关信息的整体维护提出了更高的安全要求。

四、财务会计发展趋势

（一）会计从业人员素质的高标准

1. 业务水平的高要求

当前社会经济的快速发展，企业对于财务会计相关工作人员的整体素质有了更高的需求，企业需要培养更多有素质、有技术的会计管理工作人员。当前企业需要的财务会计工作人员不仅要拥有足够的创新能力，能够结合时代发展的需求，将自己的工作与新型技术紧密结合，从而不断提升自身的工作效率。还需要财务会计工作人员拥有良好的信息判断以及分析能力，能够及时地借助各种方法，深入探究相关信息，加强企业财务会计工作信息化建设，对企业的财务会计工作进行现代化的管理，从而推动企业经济效益的快速增长，为其营造良好的发展态势。

2. 理论知识水平的系统化

企业财务会计工作的建设需要高素质的工作人员，因此，企业需要不断地健全对其员工的培养体系，帮助财务会计工作人员掌握最前沿的会计理论知识。并且依据企业发展的实际状况，开展一系列的培训方案，为企业的财务会计工作人员提供相应的学习平台，最终实现财务会计工作人员构建系统化的理论知识框架，形成有效的工作模式。

（二）企业的信息与管理化水平的进一步完善

1. 管理者更加重视管理和信息水平的优化

当今社会将信息化技术的快速发展，加快了企业财务会计工作信息化建设的进程，企业的财务管理制度可谓是企业能够开展一切工作的保障，能够提升财务管理工作的效率，实现其有效发展。因此，当前我国企业的管理者更加重视管理和信息水平的优化，以推动企业财务会计工作的良好发展。

2. 内部管理体制的进一步优化

企业的财务会计工作需要不断地完善会计信息化的建设，建立更加完善、科学、全面的管理制度，对于企业的财务会计工作具有重要的制约作用。企业的内部管理体制在持续的优化过程中，也能够激发财务会计相关工作人员的工作热情，最终实现企业财务会计工作整体效率的提升，帮助企业朝着更良好的方向发展。

（三）政府监管力度的加大和落实

1. 监督管理的进一步提升

我国企业的财务会计工作已经获得了较为全面的发展，其本身的工作划分就比较明确，并且相关的财务管理工作人员能够结合自身的工作经验将工作朝着更有效的方向发展。因此，我国企业的财务会计工作所需要的就是更加精准的监督管理制度的设定，企业财务的监督管控能够保证企业财务状况的合理有效性，避免企业财务出现重大的过失问题，最大限度上避免企业在财务上出现损失，能够帮助企业更加健康良好地发展，并且能够提升相关工作人员的工作效率，可谓是一举多得。

2. 相关制度法规的制定和健全

当前社会正处于一个快速发展的多元化时代，我国企业的财务会计工作也需要紧跟时代，不断更新相关概念，与社会经济发展的速率保持相同的频率。财务会计工作需要制定和健全相关制度法规，只有这样才能够有效地对其进行制约，推动其朝着正确的方向不断进步发展，以保证企业的财务会计工作能够更加的精准，推动为企业的财务会计体系朝着更加完善的方向发展。

（四）安全计算机系统环境的实现

1. 专业网络管理人才更加多样化

我国企业的财务会计工作利用信息化技术，能够最大限度地提升财务会计工作的工作效率；与此同时，也加强了财务会计相关工作人员的工作技术难度，这就需要企业培养更多的专业网络管理人才。企业的财务会计相关工作人员在掌握了互联网相关技术基础之上，利用自身对于会计相关理论知识的系统性把握，将两者之间进行有效的融合，最大限度上实现企业财务会计工作效率，为企业的持续性发展提供强有力的支撑作用。

2. 网络专项设备更加完善

信息化时代对网络专项设备的要求也逐渐地提升。企业在进行财务会计相关信息输入过程中需要更加安全的网络环境，但是当前企业借助于局域网进行工作往往会大大降低企业信息的安全性，对于企业的财务会计工作效率也具有非常不利的影响。企业的财务会计工作需要借助不同的网络信息技术，实现财务会计工作相关信息的传播，拓宽信息传输的渠道，搭建企业独有的财务会计工作专用平台，实现各项信息之间的互动联通，最终大大提升企业财务会计工作的整体工作效率。

我国市场经济以及电子信息技术的快速发展进步，对于企业的财务会计工作也提出了更高的要求，财务会计工作涉及的相关问题更加全面。我国的财务会计有了较为深远的发展，其在技术上的改革也是对于时代潮流的一种顺应，是对市场经济发展需求的一种满足。为了推动我国财务会计工作全面性发展，从而实现我国经济社会更加快速的发展进程,需要对我国企业的财务会计工作进行有针对性的改进,最大化地提升我国财务会计工作的整体效率,实现财务会计工作朝着多元化方向发展,以确保我国企业的财务会计工作能够完全满足社会发展的整体性需求。

第三节 财务会计信息化研究

大多数企业的业务都具有流动性强、周期长、环节复杂等特征,因此,对于具体的工程项目而言,只要与财务会计信息有所关联的环节都属于关键环节。而且只有全面加强财务会计信息水平,才能确保企业项目正常运转,并以此增加企业项目完成的速度与效果。因此,现代企业必须要求管理人员,针对财务会计之中的信息问题展开深入确定,这样才能及时采取具体策略解决各类问题,并促进企业财务会计信息化发展。

一、信息化技术对于财务会计的实际影响

随着我国信息技术的不断发展,信息技术已经改变了人们的生产生活方式,同时也促进了各行业的转型与升级。对于企业来说,其信息化发展的目的就在于改善生产方式,提高生产效率,具体来说就是实现生产过程的自动化,采用先进的自动化技术、智能技术以及电子信息技术改良生产过程,进而实现生产的自动化。在此期间,现代企业还应该增加对于制造、计算机等技术的科研力度,对生产过程进行自动管理与控制,进而解放大量的劳动力,从而在降低人员工作难度与压力同时,进一步强化产品生产、制造以及管理等方面的实际质量。而企业信息化的另一目标就是实现内部管理控制的自动化发展,即通过网络将企业的财务、人事以及办公等多项工作进行联通,使得整个内部信息能够实现畅通的交流,提高企业经营管理的效率。对此,还应该在企业内部构建 AIM 与 MIS 两种系统,这样不仅能够针对生产环节展开自动化管理,同时还能够实现财务会计管理工作的自动化。从整体的角度来看,在管理系统之中财务会计本就属于子系统之一,在采购、制造、营销以及运输等多个环节中都有存在,但是就目前的管理情况来看,企业财务会计工作与以上管理工作存在脱节的问题,再加上会计内部子系统之间只是通过转账形式取得联络,导致其数据难以实现系统之间的共享,进而严重影响财务会计管理效率。企业信息化发展能够提升信息技术的水平,进而促进会计软件与其他管理软件的融合,实现内外数据的共享,提高财务会计数据的开放性,为其他部门提供综合咨询服务,这样就能够提高企业经营管理的效率。

二、财务会计信息化发展趋势

（一）单一报表到多元报表转变

在企业财务会计管理工作中报表属于核心部分，其产出质量、结构以及数量都会影响企业的经营管理。经过调查与分析能够知道，对于传统的手工会计系统来说，其信息系统仅具备最为基础的读取、储存等功能，这样就导致会计报表存在单一性的特征。尽管在企业财务会计系统中已经普遍应用了计算机系统，但是其发展思路并未解决系统属性单一的问题。在过去多年的发展与改革过程中，尽管企业财务报表体系已经经历了多次改革，但是始终都属于在根本上做出部分调整，并没有起到彻底革新的作用。在当前的信息技术支持下，技术人员能够灵活运用互联网与信息化自身功能，针对财务会计展开重新设计与构建，那么就能够改变传统会计系统单一性的问题，赋予财务会计更多功能，这样就能够提高会计报表体系以及信息属性的多元化。除此之外，技术人员通过系统设计可以促使广大用户自行挑选财务信息类型与数量，则就能够赋予会计系统不一样的生命力，用户能够直接获取会计信息，这样就能够不断拓宽会计的生存空间。

（二）财务会计稳定性的增强

未来在财务会计朝向信息化发展时，将会增强财务会计各类信息的相关、可靠以及稳定等性能。以往当财务会计针对流动资金展开合理配置时，对于各类性能有着较高要求，如果相关信息需要用在投资或决策等方面，对于各类性能要求则会更高。根据市场的调查发展能够知道，企业中会计信息能够直接影响企业的战略决策。因此，只有增强企业财务会计的各类性能，才能够满足企业分配与决策的不同需求。而对于传统会计信息管理系统来说，其主要强调的是信息的可靠性，而使用单一属性的会计信息无法满足财务管理性能要求。因此，企业还应该利用多元报表体系解决可靠性与相关性之间的矛盾，使得信息可靠性与相关性共同提升。

（三）注重主体信息与关联信息

对于以往财务会计的相关系统来说，其都会以财务会计相关信息为基础、财富分配为用途确立的，其中最重要的就是明确会计的主体。同时，在工业时代下，各类企业在内部开展垂直管理，主要是为了满足工业时代对于企业发展提出的各项要求。但是随着时代的变化，市场经济形式也在经历着改革，自主知识经济时代来临后，使得企业的垂直机构正在转向网络化发展，而这样的发展情况也导致会计主体假设失去原有的合理性。在信息时代，企业更应该注重主体信息和关联信息，促进财务会计管理系统的完善。

（四）注重有形资源和技术资源

在传统的企业发展环境中，只有占据有形资源才能够实现企业的持续发展，也就是说，企业的会计系统也应该以有形资源管理为核心。但是随着我国经济的不断发展，企业的发展重点逐渐向技术方向转移，有形资源的地位不断下降，对此，企业应该建立新的会计系统，实现有形与技术这两种资源的切实管理。

（五）货币与非货币之间的并重

以往在财务会计中对于信息化方面的实际要求、需要可以体现出财务汇总对于企业的实际意义，也就是财务会计对于货币信息方面的具体标准。但是在实际的发展中，会计信息的计量并不仅有一种单一属性，其信息的展示也并不只有报表的形式，通过这样的变化实现货币与非货币的并重。

三、提升财务会计信息化的策略

（一）健全财务会计体系

现代企业若想切实强化财务会计水平，控制体系属于不可或缺的主要部分。在构建或健全财务会计体系时，最好适当参考其他企业或同行在相关体系方面的成功案例，但必须将企业财务会计发展现状作为前提，决不可直接将其他企业或同行的相关体系，直接复制下来进行使用。因为在每一家企业之中，财务会计体系都必须根据自身水平与现况进行确定，否则就无法在财务会计工作中发挥效用。

（二）开设交流沟通渠道

在信息化技术日益完善的形势下，现代企业最好在内部之中运用信息化设立完善系统，这样便可通过信息化与财务会计信息，帮助企业针对企业信息展开有效梳理，从而在增加财务会计系统构建速度的同时，增加财务会计在未来发展中的可行性。因为在信息系统之中具备多种功能，可以提前预测财务会计管理内容，帮助企业提前确定财务会计管理之中可能出现哪些问题，这样企业便可在第一时间确定解决对策。此外，当企业完成信息系统梳理后，财务会计便可通过其中渠道进行交流沟通，这样便可通过交流沟通渠道避免企业出现人资浪费现象，增加人员在财务会计工作中的整体效率与水平。

综上所述，对于现代企业来说，财务会计信息可以直接决定日常业务管理情况。信息化已经成为企业以及企业会计管理未来发展的主要趋势，企业应该明确会计系统发展的主要方向，并通过健全财务会计体系、开设交流沟通渠道等策略，全面强化现代企业之中的财务会计水平，这样才能保证企业顺应社会需求持续发展。

第三章 财务会计模式研究

第一节 现代财务会计模式的缺陷

财务会计是企业管理的重要内容，建立起科学、先进、合理的财务会计模式，对于提高决策正确性、强化企业经营管理、实现企业经营效益目标起着不可忽视的作用。本节从分析财务会计模式的根本缺陷入手，对优化现代财务会计模式提出几点建议，期望对提高财务会计管理水平有所帮助。

一、财务会计模式的根本缺陷

传统会计模式的缺陷。在传统会计模式下，会计业务处理独立于其他业务流程，只负责记录和审查已发生的经济业务，根据原始凭证进行记账，编制各类账簿和报表。从本质上来看，传统会计工作集中于对单据的流转与记录，这就造成传统会计缺乏灵活性。由于传统会计不涉及业务工作，所以在成本核算、固定资产管理、应收账款管理等方面未能发挥其应有的作用。同时，传统会计模式缺乏对管理决策的参与，仍停留在财务会计记账层面，尚未履行会计管理职能，这种粗放式、简化式的会计模式，已经无法满足现代企业的管理要求。

财务预算管理缺陷。现阶段越来越多的企业开始重视预算管理，将其作为财务管理的重要内容。但是在预算管理实践中却存在着管理体系运行缺陷，具体表现为：员工参与预算管理的积极性不高，预算制度未能获得员工的支持；预算根据工作计划编制，采用固定预算编制法，使预算缺乏可执行性，经常出现较大预算执行偏差；预算考核形同虚设，没有将预算考核纳入部门绩效考核范围内；同时，也缺乏必要的奖惩措施，从而弱化了预算的刚性和约束力。

财务会计管理体制缺陷。国内部分企业存在这样一种现象，投资者即经营管理者，由此对企业财务会计管理工作的开展造成了不利影响，如决策的科学性及民主性不足，导致财务管理工作无法顺利进行，企业内控对财务的监管和审计无法健全，财务会计管理的作用难以有效发挥。同时，由于企业管理者未对财务会计管理工作予以足够的重视，使得财务会计管理在企业经营决策方面无用武之地。此外，因财务会计管理制度不够完善，使相关人员在开展中没有制度可依，工作的规范性和科学性不够，对企业的经营决策造成了影响。

财务会计报告缺陷。财务会计报告受现行会计制度和会计则准的影响，呈现出一些缺陷，具体表现在以下三个方面：一是财务会计报告忽视价值核算。在现行会计制度下，会计遵循历史成本原则进行核算，将成本核算作为重点，而轻视价值核算。如果发生严重的通货膨胀，则会影响财务报告信息的真实性，出现历史成本明显低于现行重置成本的问题。二是无法反映未来经济活动。财务报告是对历史会计数据的汇总，会计信息使用者通过财务报告了解到企业过去一段时期内的财务状况和经营成果，但是却无法获取未来一段时期内的经营预测信息。三是信息披露不完整。财务报告只能披露企业财务信息，而对于与经营业绩相关的非财务信息却未能得到披露，如企业人力资源状况、企业经营优势、企业商誉情况、企业经营风险等方面。应当说，上述列举的现代财务会计所存在的种种矛盾和障碍，既有来自实践中有关利益阶层的推动，也有来自会计理论认识上的偏差。

二、现代财务会计模式的优化措施

拓展会计管理职能。传统的会计模式已经难以适应企业的发展需要，所以必须进一步拓展会计职能，促使会计核算为企业管理服务，从单一的事后核算转变集事前预测、事中控制、事后核算于一体的会计管理体系。企业要提升财务部门在经济管理中的重要地位，让财务部门参与到企业管理与决策中，具体措施如下：首先，建立多元化财务会计目标。会计工作要以提高企业经济效益、服务企业长远战略发展、维护投资者利益以及提供有效会计信息为目标，履行自身会计管理职责。其次，参与企业投资决策。利用会计核算所获取的经济数据，从经济效益角度出发，对投资项目进行经济预测，预计未来收益，综合考虑风险因素，从而做出正确的投资决策。最后，成本效益分析。会计工作要加强与其他业务部门的协作，及时获取采购、生产、销售、应收账款回收等方面的信息，做好成本效益分析，为企业调整产品结构、制定销售策略、改进生产模式提供依据。

落实全面预算管理体系。企业单位要落实全面预算管理体系，使预算覆盖到企业各项经济活动中，通过预算管理提高单位资金使用效率，实现资源优化配置。首先，调动全员参与预算管理。根据企业战略发展规划制定预算总目标，将预算总目标层层分解，落实到各部门、各岗位，形成全员参与预算管理的良好氛围。其次，引入科学的预算编制方法。预算编制根据业务特点的不同选用与之相应的编制方法，如零基预算法、弹性预算法、滚动预算法等，使预算更加合理、严谨。再次，强化预算执行刚性。

严格按照审批通过的预算对各项经济业务进行控制,针对预算执行偏差进行分析,找出原因,采取有效的纠偏措施。在非必要的情况下,尽量不对预算做出调整,维护预算的权威性。最后,落实预算绩效考核。构建起完善的预算绩效考核指标体系,对考核单位的预算执行情况进行客观评价,并根据考核结果落实奖惩措施,使预算与部门、个人的利益挂钩。

完善财务会计管理体制。为有效解决企业财务会计管理体制中存在的缺陷问题,必须逐步完善财务会计管理体制,具体可从以下几个方面着手:其一,可对财权进行适当集中,并对管理加以强化。总机构应当具备以下权利:资金调度权、资产处置权、收益分配权、投资权,而各分支机构则只具备经营权,借此来实现分权型管理向集权型管理转变。其二,对物资可实行统一采购,借此来减少采购成本,可借鉴政府集中采购制度,节省仓储费用,加快资金的周转速度,提高资金使用效率。其三,可在企业中推行目标管理模式。该模式是一种现代管理理念,它以对最终成果的考核作为核心,实现对企业内部各部门的绩效考评与控制,其管理思想是激励,通过各种激励方式调动各部门的经营和管理积极性。其四,应健全内部机制,加大财务监管力度,确保财务会计管理的权威性和地位,使其作用得以充分发挥。

改进财务会计报告体系。现代财务会计报告体系应更加全面地反映企业过去和未来一段时期内经营成果与财务状况,增强财务会计报告的有用性。财务报表是财务会计报告体系的核心,三大报表要满足相关性、可靠性、可计量性的要求。将财务报表中所披露的会计信息划分为核心信息和非核心信息,核心信息采用历史成本计量属性,非核心信息可引入公允价值等计量属性。在财务报表中,要加入对投资报酬、变现能力、财务弹性等方面的披露内容。在财务报表附注中,要增加与企业经营业绩相关的非财务信息披露,如融资方式风险、物价变动信息、经营活动不确定性事项、商誉评估等内容,使信息使用者更加全面地了解企业发展环境和发展能力,从而提高财务会计报告的使用价值。

总而言之,新形势下财务会计模式必须与时俱进,加快模式创新与优化,促使财务会计更好地服务于企业发展,满足财务信息使用者的需求,实现预期的发展目标。在财务会计实践中,要结合现代企业制度,构建起完善的会计管理体系、全面预算体系、财务会计管理体制以及财务会计报告体系,从而推动现代财务会计模式不断发展。

第二节 数据时代财务会计模式转型

大数据给时代经济的发展带来诸多影响,人们可以借助数据分析事物发展的动态,制定科学的发展策略。同时,基于大数据体现的发展优势,财务会计需要改变之前的工作方式，要顺应行业发展需求改革工作体系。通过分析大数据时代发展下财务会计变革的背景，思考财务会计转型发展的思路，从而展望其发展趋势以及影响。数据时代财务会计模式的研究能让企业科学地了解大数据下财务会计呈现的发展优势，促使企业能积极转变财会工作模式，努力提升财务工作的创新性，帮助企业实现健康长远的发展。

财务会计的发展与经济以及社会进步有着密切联系。当前，人类已经步入信息化的时代，财务会计随着市场环境的变化不断发展及完善，可以说，财务会计是依照经济环境而发生变化的，并进行相应的改革以及转型，这样能促使财务会计与社会以及国内经济实现协调性的发展。特别是随着现代信息化技术的不断深入发展，企业的经济数据在不断增长，数据量也在爆炸性增加，数据结构也变得越来越复杂。在这样一个信息数据爆炸的时代，大型国有企业和民营中小企业都在加快发展的步伐，希望能找到一条提高核心竞争力、实现企业财富、资源稳步增长的途径。

一、大数据时代的财务会计变革背景

现代社会中数字化信息瞬息万变，变得更多、更快，从政府到民间，从商业到科学，这些变化和影响无处不在。为此，一些科学家和计算机工程师为这个现象创造出了一个新名词——"大数据"，这个时代也被称为"大数据时代"。

大数据也称海量数据，是指所涉及的数据量已经太大，它不能在合理的时间内被人脑或主流软件检索、管理和处理，整理成积极帮助企业经营决策的资料。大数据时代随着科学技术和互联网的发展已经逐步到来，现在，每个企业每天都会生产出大量的数据，数据的量级已经从 B、KB、MB、GB、TB 发展到了 Pb、Eb、Zb、Yb，甚至能达到 BB、Nb 和 Yb 的量级。

大数据逐渐走入人们的生活中，企业应该依照发展趋势完善原有的财会体系，让企业发展能符合时代需求。会计工作是时代演变的产物，必须要对工作体系进行革新，提升其时代发展的先进性，为此，立足大数据的发展，企业必须要对财务工作进行创新发展。对于企业来说，大数据时代的管理和传统的管理最大的区别就在于如何分析和利用这些海量数据，大数据时代的管理是基于对海量数据的科学分析，而不是凭直觉和经验进行业务决策；财务会计的本质是在以数据收集、数据分析的基础上而进行的数据量化的管理。然而依托于大数据技术中的数据仓库以及数据挖掘技术，可以使企业的管理更加精细化，使财务管理中各种的工具，包括预算的管理、成本的管理、业绩的评价、会计报告等，在进行商业决策的过程中发挥出越来越重要的作用，因此，财务会计也要相应地做出一些变革来适应大数据时代的要求。

(一)财务会计人员需要收集和存储更多数量和结构的信息和数据

不能对大数据呈现的价值进行评估,就不能对有用信息进行精准的估算。运用大数据创新技术能更科学地反映出企业整体的运行状态,给数据提供更加便利的条件。企业对大数据进行搜集和整理,可以提升企业整体的市场份额,为企业获得较好的竞争优势。会计部门是与数据信息紧密联系的部门,如果可以运用大数据所提供的发展数据,则能给企业提供发展信息。因此,这就要求企业的财务人员,必须能够熟悉信息技术,并能够快速地在海量数据和复杂数据中寻找有价值的数据,从而充分反映企业业务的发展,消除信息的不对称问题。

随着市场经济的完善,企业获得发展利润的核心因素是成本控制,也是微利时代的发展要求。在大数据背景下,从事成本控制的财务人员要具备扎实的专业素养,也要对企业整体发展过程进行高度关注,在企业的生产过程和内部控制过程中,控制产品的报废率、生产效率以及成本差异等指标。立足成本控制体系,企业能对成本数据进行深层面的分析与挖掘,对各项成本数据进行科学的收集工作,并分配和分析这些数据,为企业的决策提供帮助,为企业成本的有效控制奠定基础。

(二)财务会计须适应大数据提出的处理需求

大数据改变信息传递的方式,增加网络信息的数量,传统的财会数据处理存在诸多不足,整体处理能力较差,不能对数据进行有针对性的筛选以及处理。因此,财务人员只能对财务数据进行传统方式的分析,依据数据变动掌握企业呈现的变化趋势,分析企业整体的运营能力,但是不能对企业整体运营能力进行深层面的分析,整体处理能力较差。为此,财务会计应该对数据信息进行全面管理,分析出有价值的财会数据,并对它们进行处理以及分类管理。同时,企业应该针对信息的种类制定不同的发展方案,以此对未来发展做出更科学的规划,有助于企业实现健康的发展。此外,企业需要借助大数据开展统筹工作,给企业在经济层面的发展提供帮助。从整体层面上讲,大数据时代要求财务会计所具备的信息数据统筹以及综合管理能力,这也是当前财务会计缺少的专业能力,只有具备这些专业能力才可以为企业提供更多的优质服务,增加企业的整体竞争能力。

(三)财务信息的使用者提出了个性化需求

财务会计工作是为经营者提供信息,帮助决策的一项系统性工作。随着市场经济体制的不断发展,市场整体竞争程度较高,要想获得利益,企业就应该保障决策的科学性,也需要保障其正确性,而人们更加关注适用性,这就导致企业财务会计目标发生变化,逐渐从管理责任转变为决策责任。随着大数据的出现,更多企业关注到云计算的应用,数据以及企业信息数量不断增加,用户呈现的财会信息需求更加多样化,也更加个性化,体现出很强的不可预测性。为此,大数据发展要求企业更加关注财会计信息的个性化，对原有的会计工作提出更多的挑战。在大数据时代的发展过程中，财务会计工作应重视这一发展趋势，采取积极的措施来应对这一不确定性。

（四）非结构化数据的价值日益凸显

目前，企业和事业单位的会计处理主要涉及各种结构化数据的处理。随着现代计算机技术的发展、信息技术的创新和网络技术的更迭，会计人员对结构化数据的处理越来越方便。在这方面，技术已基本成熟，并能非常熟练地处理结构化数据的计算、汇总、统计等。如果遇到大量的企业财会数据，可以应用商业软件实施处理，以此完成相关的财务会计工作。但是随着数据时代的深度发展，很多半结构以及非结构的数据软件应用到岗位工作中去，这样的转变不仅要反映在数据的量的变化上，而且充分地体现在所产生的价值上，所以会计人员需要从众多的企业数据中寻找那些有价值的财会数据，对这些数据进行充分的分析，并从这些数据中找出非结构化的数据。所挖掘的数据价值越多，就能提升经营者的整体竞争实力。为此，管理者应该重视对财务信息的精准性，逐步提升财务数据在财务工作中的作用，财会人员应该重视对各项数据的分析以及运用，提升这些财务信息的利用能力，逐步强化财务数据的价值。

（五）财务会计数据的精准性要求越来越高

传统财务报告的工作，主要是在对数据进行基本确认、进行计量等工作基础上实施的，企业的财务数据和相关业务数据是企业管理的重要资源，由于技术手段不足和不完善，它的价值没有得到充分发挥，未能引发充分的关注。部分企业在进行决策时受到技术条件等条件的限制，并没有充分且及时收集、整理以及分析符合决策工作需求的财务数据，这就导致对数据进行分拣的难度加大，整体处理效率低下，影响企业最终财会数据的精准性以及可用性。许多财务管理数据在被企业生成财务报告前一直处于未被重用的状态。大数据提升技术研究的科学性，企业可以对各种数据进行科学的处理，并对数据进行整合，更好地挖掘有价值的财会信息以及有效的发展数据，促使企业获得更好的发展，这样能提升财务数据的精准性，促使财会工作能实现科学的发展。

（六）财务会计人员需转换角色

大数据改变传统财务工作的角色，摆脱之前的财务岗位角色。会计人员不仅要开展简单的核算以及整合等基础工作，也要实施更高层面的财会工作。传统的财会人员能立足报表数据进行分析，为管理者提供相关的决策依据。随着市场竞争的加剧，之前简单的报表数据分析不能满足企业实现信息化发展的需求，在大数据时代发展下，财务人员能从不同层面探索企业需要的财务数据，打破之前财务报表不能深度分析财务数据的问题。通过对这些财务数据实时分析，可以更好地发现企业在市场发展以及成本管理中的难题，也可以对企业的经营业绩做出客观的评价，还可以揭示出企业在经营思路中存在的问题，更好地为经营者转变思路提供明确的方向。

二、大数据时代财务会计转型的思路

随着大数据时代的到来，人们获取数据信息的方式越来越简单和快捷，企业要提升对财务数据进行选择以及处理与整合的能力。面对新形势，财务会计工作必须及时创新才能确保企业健康、稳定、可持续发展。财务工作必须与时代、社会以及生活等背景相结合，才能顺应时代发展的潮流。

（一）财务会计人员要提升整体专业能力

国内财会人员在构成上有复杂的特点，年龄长的财会人员虽具备一定专业能力，但是存在落后性，财务思想也比较陈旧；年轻的财会人员从业经验较少，也欠缺一些工作能力。从整体层面上看，财会人员整体专业能力未能达到时代发展提出的需求，这样就阻碍了财务工作的创新转型，更阻碍了企业的全面发展。结合上述研究得知，企业在新时代发展下应该重视对专业人才的培养，只有实现专业人才的转型，才能加快财务工作的转型进程，为企业发展提供更高质量的人才保障，所有企业需开展多个方面的转型工作，提升财会人员的综合素养。第一，对财务人员进行能力培训。财会工作的转型需要重视对财会人员进行能力培养，提升其工作能力。针对当前的财会队伍，企业需要将大数据融入平时的培训中，拓展其业务视野，以此实现现代化财会人员的培养。同时，企业可以派遣财会人员出去学习，学习先进企业所采用的大数据处理方式，强化财会工作的科学性。第二，建立大数据管理专业机构。这就需要政府的大力支持。在西方，许多国家已经建立了大数据管理专业机构，并设立了与大数据管理相结合的财务会计专业，以培养更多的专业管理、挖掘大数据资源的会计师。

（二）要重视财务会计工作人员人本化的理念

企业需将人本思想放置在工作核心。知识时代发展下，企业要想提升整体竞争能力就需要科学开展人力资源管理，为企业创造更多的发展价值。传统的人资管理模式表面上看着是比较稳定的，但是在实际管理中存在多项隐患，如员工出现责任推诿，争吵不休等。大数据时代的到来，信息传播体现出碎片化的发展现象，只有提升财务人员的主动性，才可以为企业提供更多的发展数据以及生产力。因此，人本思想能改变当前财会工作的现状。长久以来，企业财务人员已经出现脱离实际岗位需求的现象，仅是在办公室进行业务处理。大数据能让财会人员实现业务以及具体财务工作的结合，工作人员需要深入企业的部门以及具体工作环节，促使业务信息转化为有价值的信息，给企业提供更多财务数据分析。在传统业务工作中，财务核算的程序比较复杂，财务人员主要是对财务报表进行反复的核算，个人工作能力则不是很强，不能从全局层面对财务报表进行统筹管理，也不能科学分析整体财务状态。同时，通过人工进行财务核算不能提升整体工作的效率，导致传统财务工作的效率比较低。

财务会计在更新发展中，传统财务方式以及核算内容均发生变化——从传统财务转型为信息化。大数据对财务管理的转型发展注入了更多动力，解决了之前烦琐的会计核算工作问题。同时，大数据促使财会人员将工作精力主要放在财务信息收集以及深度挖掘上，以此能更精准分析整体财务情况，也能探索整体运营能力。通过对财务数据进行深层面的思考，也可以识别企业潜在的财务风险，科学判断企业经济发展能力，促使企业实现综合能力的强化。此外，通过改变传统的财务工作内容，也能提升财会呈现的作用，让财务部门与其他部门进行深度的沟通，实现财务信息的共享，让部门实现协调性的配合。

（三）要提高财务人员整体财务管理、财务分析及运用的能力

大数据技术的发展将极大地提高财务管理的能力，现代信息技术的发展带动了物联网、互联网、企业内部信息网络的快速发展和大数据时代的发展。在没有信息技术支持的情况下，大数据的收集、处理、输出和分析将被阻断。因此，现代信息技术已成为现代企业赢得竞争的重要手段，成为战胜对手的重要武器。在信息时代，所有的会计工作，如信息的传递、资料的下载、管理软件等都必须依赖于计算机，由于大数据技术具有较高的数据处理速率，同时具备较强的数据处理能力。因此，会计人员可以依靠大数据技术来处理更多的会计信息，且同时能够进行多项财务工作。在这样的情况之下，企业内部的财务岗位将会发生一定的变化，相似职能的会计岗位将会合并成同一个岗位，且在大数据技术的支持下，该岗位财务工作的准确性和效率将大大提高。所以说，立足大数据对财务工作呈现的影响，财务人员需要积极提升整体财务管理的能力，提升财务分析以及运用的能力。大数据对财务工作的模式提出更高层面的需求，要实施创新性的财务管理，增加对财务信息的分析以及运用能力。财务人员只有提升财务管理的综合能力，深度分析财务数据中蕴含的内容，科学分析财务工作可能遇到的风险，以此制定科学的发展策略，才能提升企业财务数据处理的能力。

（四）要改变财务人员传统的管理思维

在以往的财务管理工作中，相对落后的管理理念直接影响着企业财务管理的实际效果，所使用的财务管理机制、财务管理理念、财务管理方法等都无法对企业的经济运行情况进行全面管理，并对财务会计的转型变革产生了一定的阻碍。部分财务人员盲目相信财务报表，企业收支与具体支出可以真实反映运行情况。但是仅通过简单财务报表以及流水账，则不能真实反映企业资金的流动情况，也不能对未来投资进行准确的评估，也不能进行科学的规划，影响财务工作呈现的先进性。这主要是管理理念存在的滞后性导致的，企业不能科学开展财会工作，制约了财务工作的先进性。大数据能改变传统管理思维，促使财务人员可以对财务数据以及信息进行科学处理，提升财务会计的转型速度。通过强化财务分析的整体能力，能对各项数据进行科学处理，

对企业资金实施统筹性的管理，更好地控制企业发展。此外，企业也需要宣传大数据转型发展的观念，积极转变传统的财务思想，以此加快财务会计转型过渡的步伐。

三、大数据时代财务会计发展趋势及影响

大数据对财务会计工作提出转型发展的要求，企业应该科学制定发展策略，加快财会工作的转型发展，增加企业整体的发展与竞争能力。

通过对大数据的发展进行分析，探究企业实施财会转型的内容，笔者认为受到大数据发展的影响，财务会计必须要改变传统的工作模式以及思路，重视对专业技能以及职业道德等知识的学习，以便开展更高层面的财会工作。信息化处理是未来企业实施高水准财会工作的标志，也是提升企业对财会信息利用能力的途径。大数据的出现将加快财会工作的转型，也为企业的现代化发展提供动力，各行业应该认知到该发展趋势。只有科学认知该发展趋势，管理层以及财务人员才能实施更科学的分析以及管理工作，提升财务管理的科学性。

传统财务工作思路已经不能满足大数据时代提出的发展需求，也不能给企业财会工作的创新发展提供助力。为此，企业管理者应该掌握大数据对企业以及财务工作提出的各项要求，重视对现代化财会人员的培养，企业应该更新管理理念，重视财务岗位的精准性，关注财会人员在岗位工作中体现的效率。同时，财务人员需要掌握时代发展对专业人才提出的转型要求，积极提升自身的专业能力，能对企业财务数据进行精细化的处理，科学分析企业可能会出现的财务风险，增加企业整体的竞争实力。此外，企业应该重视对财务人员进行专业技能等能力的培养，增加财务人员对大数据发展以及财务转型的认知，逐步提升企业财务工作的有效性。

财务工作应该顺应时代发展的潮流，立足时代进步更新工作模式。所以，企业在实施财会工作时，应该积极思考怎样提升财务工作的创新性，更好地开展财务数据分析工作，掌握企业整体的发展态势。在进行岗位人员招聘的时候，企业需关注财务人员的专业技能以及职业素养，强化财会队伍组建的先进性。具体说，招聘财务人员的过程中，应该关注应聘人员的学历、工作经验、对财务工作转型的理解、道德素养以及操作能力的内容，从优录取高素质的财务人员。

受大数据的发展影响，财务人员需要积极改变观念，思考岗位对自身提出的要求，重视提升自己的专业技能，努力提升自己对财务软件的使用能力，更好地满足财务岗位对专业人才的能力要求。此外，财务会计的转型发展虽然给企业的发展提出诸多的发展要求，但是也给财会工作的开展提供更多的动力。如果企业能根据大数据提出的转型要求开展创新性的财务工作，就能提升财会工作的先进性，也能对财会数据实施精细化的处理，更客观且全面分析企业发展情况，科学预测可能出现的财务风险。

财务人员也应该努力强化自身的专业技能，对先进的财务知识进行学习，积极转变工作理念，提升自身对财务软件的运用能力，以便实施更高层面财务工作。财务人员也需要对财务数据进行深层面的思考，立足财务数据分析企业可能遇到的发展风险，以此制定科学的管理对策，帮助企业实现更稳定的发展。

第三节 现代企业制度下财务会计模式

任何一种事物都有客观的外部环境并有与之相适应的自身运行规律，同理，任何一种企业财务会计模式也对应着一种企业财务运行机制。

我国建立的现代企业制度是适应社会化大生产和社会主义市场经济要求的产权清晰、权责明确、政企分开、管理科学的企业制度，它是使企业成为面向国内外市场法人实体和市场竞争主体的一种企业机制。建立现代企业制度对于今后企业财务会计模式也提出了更高的要求。

一、建立起多元化的企业财务会计目标模式

会计目标是会计在特定环境下所应达到的预期结果和根本要求，是整个财务会计管理系统运行的定向机制，是出发点和归宿。

会计目标的确定主要取决于两个因素，即社会需求会计干什么和会计能够干什么。因而与现代企业制度相适应的企业财务会计目标主要有三：一是合理组织资金运动，提高企业经济效益；二是为企业、国家、债权人等使用者提供有用的信息；三是维护投资者、债权人和本单位各方的利益。

二、建立起经营管理型的企业财务会计工作模式

我国现行企业财务会计工作，基本上仍停留于算账、报账的传统形式，尚不能满足现代企业制度的要求。只有在财务会计的基础上，开拓新领域，充分发挥现代财务会计的职能作用，建立起经营管理型的企业财务会计工作模式，才是根本出路。

经营管理型的企业财务会计工作模式，是由下列三个不同层次的财务会计子系统构成的：一是以总会计师为主，建立起规划会计系统；二是以企业内部各单位的人为主体，建立起行为会计系统；三是以财会部门为中心，建立起财务会计系统。

三、建立以注册会计师为主体的财务会计监督模式

在我国现行的会计监督体系中，内部会计监督和内部审计监督是基础，国家审计是主体，民间审计是补充，会计师事务所和审计事务所同时并存。这种体系结构与建立现代企业制度不相适应，应起以注册会计师为主体的财务会计监督体系。

现代企业制度的建立，使现有国有企业改造成股份有限公司后，国家成为其投资者或股东之一，而国家审计机关是政府的一个行政机构，因而不独立于政府，故应由具有独立地位的第三者、注册会计师来审计它的一切业务。这符合社会各界要求对财务信息的鉴证应无任何立场偏向的原则，也符合国际惯例。

现代企业制度的建立，使投资者的终极所有权和企业法人的财产权相分离，这是企业会计人员和内部审计人员具有双重身份的客观基础。由于他们与本单位的利益休戚相关，加之直接受本单位管理当局的领导，因而其经济监督力必将受到较大的限制。

建立起间接管理型的企业财务会计客观管理模式。

（1）借鉴世界上多数发达国家通行的做法，由国务院授权民间职业团体直接领导和管理全国会计工作。使之脱离政府的直接管理，这样能从根本上理顺会计和政府的关系，保证会计的"公正性"。

（2）我国现行的会计核算规范由基本会计准则和行业会计制度构成，其带有浓厚的直接控制色彩。笔者认为，应逐步制定一套具有针对性和可操作性的具体会计准则，来取代行业会计制度。

四、建立我国现代企业制度下的企业财务运行机制

企业财务运行机制的本质特征。企业财务运行机制是指企业在从事理财活动过程中遵守的一系列原则、程序、规章、方法等规范标准按照一定的方式结合所形成的有机体，它是企业经营机制的重要组成部分，是企业经营机制系统中的一个子系统，它的形成将使企业理财活动连续有序进行得到保证。

企业财务的目标。在一定外部环境条件下，企业进行经营是追求利益和财产的增加，在漫长的理财活动过程中逐步形成了"利润最大化"和"财富最大化"两种财务目标。利润最大化。从传统的观点来看，衡量企业工作效益的公认指标就是利润，因此假定利润最大化是企业的财务目标。财富最大化。财富最大化是指通过企业的合理经营，采用最优的财务政策，在考虑资金的时间价值和风险报酬的情况下，使企业总价值达到最高，进而使股东财富达到最大。

企业财务运行机制的基本框架。

（1）构建企业财务运行机制遵循的基本原则。

①必须严格遵守国家有关的法律、法规、制度和规定。市场经济是法制经济，国

家对企业经营行为、财务活动的约束将主要以各种法规形成实行间接管理,建立企业财务运行机制必须遵守国家的各种法律、法规,以确保国家有关法规的有效实施。

②以充分挖掘全员潜力调动全员积极性、创造性为宗旨,实行责权利相统一。企业理财存在于企业生产经营的所有阶层和环节,因此,建立企业财务运行机制必须有利于吸收全员参与企业理财,充分挖掘他们的潜力,调动全员的积极性和创造性。

③充分体现企业生产经营特点和管理要求。注重实用性和可操作性,将国家赋予的企业理财自主权具体体现在其中。

(2)企业财务运行机制基本框架。企业内部财务管理体制,是在一定的经营机制前提下,企业内部各主体在财务管理方面的权限责任的结构和相互关系,它明确规定了企业内部主体分别享有哪些理财权限和承担哪些理财责任,在企业财务运行机制处于核心地位。

(3)财务管理制度。它是企业在从事日常的财务管理工作中所遵守的各项规范标准,根据其具体内容可分为以下三个方面。

①筹资管理制度,即对财务人员在从事筹资工作过程中所应遵守的规范标准,包括筹资预测及分析制度、资本金管理制度、公积金管理制度、负债管理制度等;

②投资管理制度,即对投资活动进行管理,包括投资预测分析制度、内部投资管理制度等;

③利润分配管理制度,即是对企业利润分配比例、幅度、内容等所做的规定;

④企业内部监督制度。财务运行机制作为一个有机体,实行有效的自我监督是保证其正常有效运转必不可少的条件,包括内部会计监督和内部审计监督。

第四节 新环境下的财务会计模式理论

为适应当前社会环境及经济环境的变化,财务会计模式理论也必须基于实际情况进行改革,本节将对新环境下的财务会计模式理论缺陷及改革进行分析。

财务会计及其环境已经成为会计理论结构中不可或缺的重要组成部分,无论是对于企业价值的实现,还是对于社会经济的发展,都起着重要的促进作用。本节基于新形势下现代财务会计模式的理论缺陷及变革理念这一课题,针对现代财务会计模式在发展、应用中所存在的理论性缺陷,基于创新发展的战略思想,提出一种新的变革思路,重点以企业、市场利益为出发点。

一、新环境下的现代财务会计理论

(一)会计主体

进入二十一世纪以来,在经济全球化趋势的带动之下,以互联网信息为主导的计算机和网络技术得到了迅猛的发展，并在短时间内得到了最大化普及。换言之，当下我国财务会计的发展已然离不开数据信息处理技术，它们之间的关系在新时期将会变得更加紧密。在这样一种大背景环境下，会计理论也得到了一定程度的发展与演进，最为突出的一点就是突破了国界的限制，最大限度地实现了国际的联合与分组，这种情况无疑增强了新时期市场经济会计主体的可变性。但是从另一个角度来思考，也加大了对会计主体的认证难度，也就是说，由于互联网信息技术的演进，现代会计在核算工作环节，所涉及的空间范围将会变得更难界定。

（二）会计目标

所谓"会计目标"，主要就是指专门提供信息及信息原因的对象，以及提供信息相关内容等。这一点与传统的财务会计目标存在较大的出入。首先，在传统的市场经济发展模式下，市场各经济主体一般都会将会计信息使用者看成一个有机整体，并为其提供较为全面的、通用的会计报表。在新时期，随着互联网信息技术的发展，电子商务模式应用与普及，伴随着现代企业制度的确立，现代财务会计在其中功不可没。在当前互联网环境下，会计信息提供者与会计信息需求之间可以通过互联网络来及时沟通、交流，以及相互学习、借鉴经验。尤其是在当下后知识经济时代，会计目标可能会依据不同的决策模型来分别提供不同形式的财务报告模型。

（三）会计权益理论

关于会计权益理论，我们首先可以从传统会计平衡方式中得以体现。在传统会计权益理论框架下，企业财务资本持有者的权益，是专门对于人力资本所有者的权益来对比的。进入二十一世纪以来，特别是在"十二五"发展规划期间，随着知识经济的到来，能够真正影响甚至决定着企业未来发展前景的，是互联网知识经济环境下所提供的信息、知识、科技及其创新能力等，这些才是新经济时期企业发展的核心要素。简单一点来说，与传统会计权益理论所不同的是，在现代社会，企业的财务体系不能只包含非人力资本，除此之外，还应当尽可能多地体现出市场人力资本、企业人力资本，并及时更新会计权益理论，时刻促使其与社会实践相结合。

二、新环境下的财务会计模式改革

（一）人力的资本化

当今世界是以知识经济为核心的互联网信息时代，随着技术经济在社会和企业发展中的作用日益突出、显著，企业更加注重人在生产要素中所发挥的巨大作用。首先，人是社会财富的创造者，同时也是财富的守护者，更是人才的培养者与传递者，以及生产者。因此，在资本化社会时代，资本力量的核心还是在于人力。简单一点讲，现代企业无论是在经营管理理念上,还是在财务会计实施策略上,对于人力资本的投入,就具有一定的科学合理体系,也初步形成了现代企业价值观。总而言之,任何资本投入都是有价值的。

(二)主体的多元化

社会经济主体的多元化,主要体现在产业经济结构上。比如,在经济主体层面上,我国包括国有经济、外商投资经济、个体经济、中外投资经济等。主体多元化,势必会导致与催生利益多元化,继而引发出一系列利益冲突,简言之,就是市场竞争程度加强,各企业的竞争实力也得到加强。除此之外,会计结构也出现了变化,主要表现为内部结构的变化。在这种情况下,现代企业会有针对性地给出相对精确的目标,长此以往,创新型的财务会计信息技术也就逐渐得以形成,并在此基础上加以创新,形成一个全新的会计信息运行体制。

基于上述问题缺陷,笔者提出新的变革理念与思路方向。以基础会计学为基础,来重构会计信息系统。从会计的最初本质来看,它是一种单纯的以复式记账作为基础性方法的经济理念。无论是何种时期,它都应当以实现社会经济效益作为根本目标,进而全面满足当期市场经济的资本发展的需要。之所以提出"以基础会计学为基础,重构会计信息系统",主要看重的是财务会计本身虽然属于企业组织对外报告会计中的一个小小分支,却是不可或缺的关键分支,所以为了避免将财务会计等同于企业对外报告会计,今后我国在财务会计理论发展与实践中,需要将现代财务会计与资本市场会计联想在一起。

第五节 网络环境下财务会计模式探讨

财务会计管理在企业发展过程中发挥关键性作用。随着社会经济的发展,网络技术的推广,网络环境下企业财务会计管理越来越受重视。当前需要对网络环境财务会计基本特征进行全面分析,财务会计管理呈现多样化的特征,新的背景下财务会计不仅要实现核算功能,更要发挥决策、监督的作用;网络环境下财务会计管理需要建立有效的制度保证,把财务风险降低到最低。

随着社会经济的发展,网络环境下财务会计已经越来越受各行各业的重视,当前只有全面认识网络环境下财务会计的基本特征,才能营造良好的财务会计环境,为促进网络环境下财务会计模式转变奠定坚实的基础。最大限度地利用网络的作用,充分抓住财务会计发展机遇,最大限度地发挥网络优势,把网络技术真正运用到财务会计工作中去,从根本上回避风险,迎接新时代的挑战。计算机网络技术的快速发展,企业的理财环境发生了根本性的变化。在网络经济时代特征下，知识技术等相关资源的渗透、融合、分配、交换、生产、消费，导致各类资源的流通速度呈现乘方速度的增长。财务会计管理理念需要跨越时空界限，才能适应网络环境下财务会计的具体要求，才能实现财务会计模式的转变。当前需要建立网络环境下财务会计的空间、时间、速度的三维观创新理念，财务会计管理工作面临网络时代的巨大挑战，企业在发展过程中需要不断更新计算机硬件设备、实时建立完善的企业信息管理系统；同时，需要根据市场情况占领有利先机。这样才能促使企业在激烈的市场竞争中处于不败之地，才能从根本上实现企业财务会计管理目标。

一、网络环境下财务会计模式特征分析

财务会计理论多样性是网络环境下财务会计若干模式特征之一，在网络环境模式下，财务会计信息的使用者需要掌握多样化的信息，不同的会计信息会产生不同的会计目标，所以财务会计目标也会呈现多样化的趋势。网络环境下财务会计假设会得到进一步的扩展，多币种、多主体、不等距会计期间将成为必要和可能。财务会计的计量也呈现多样化的状态，现收现付制和权责发生制并存，公允价值和历史价值并存。记账方式在网络环境下也发生了根本性变化，呈现多样化记账格局。随着网络技术的发展，财务会计方法和流程也呈现多样化的特征，通过对网络环境下财务会计的模式进行分析可以看出，在网络环境下由于计算机能够处理的财务会计信息量越来越大，财务会计的核算方法也呈现多样性，因此，可以满足不同的使用者对财务会计信息的需求。财务会计的流程同样具有多样性，在网络环境下，计算机具有十分强大的计算处理能力，同时网络技术也在飞速发展，这促使财务会计核算可以采取多元化处理模式。因此，可以满足不同使用者对财务会计信息的需求，网络环境下财务会计模式转变需要把技术与信息需求进行紧密结合，实现二者的完美融合，促使模式方面的转变。从财务会计流程本身特点看，在网络环境下同样具有多样性，企业在财务会计核算过程中需要提供原始的基础性数据，同时，还要提供核算策略分析模型，财务会计信息的使用者可以通过授权的模式在线访问企业的财务会计数据库。通过对原始数据模型的获取来进行决策，这对信息使用者是非常有利的，通过远程在线访问方法即可获取财务会计决策信息，对企业全面发展提供决策依据，为财务会计模式转变创造有利的外部环境和内部环境。企业在财务会计信息数据库建立过程中也可以提供报表、分析结果获取最终的数据信息。

财务会计的信息呈现多样化的模式，通过对网络环境下财务会计的分析可以看出，财务会计信息既包括真正的财务会计信息，同时也包括非财务会计信息；财务会计信息既有货币信息，同时也有非货币信息；既有内部信息，同时也有社会部门和供应链

信息；既有历史信息存在同时也有未来信息和现在信息；既有绝对指标信息模式，同时也有相对指标信息模式；既有反映实物资产的信息策略，同时也有反映非实物资产的信息策略。企业在发展过程中可以按月、季、年提供信息，同时也可以按照随时提供信息的模式提供信息。使用者按照授权访问数据库的策略进行信息传递，其在实施过程中可以获取有价值的动态财务会计信息。企业在网络环境下可以提供数字化信息，同时也能提供语音化信息和图像化信息。

通过对网络环境下企业财务会计模式的分析可以看出，企业的管理核心转化为知识和信息。因此，企业发展过程中必须坚持信息高度集中，财务会计信息能够完全实现共享。随着网络技术的快速发展，这种集中化财务会计信息策略成为可能。同时，在网络环境下，可以全面实现业务和财务的协同发展，财务会计与企业内部各个部门之间协同发展，社会有关部门与其供应链之间协同发展。企业在网络环境下的财务会计管理真正实现数据共享，数出一门，为企业全面转型奠定坚实基础。企业在发展过程中按照网络化的集成管理进行处理，可以把整个企业的财务会计资源进行有效整合，为企业全面发展提供重要的支持，也为企业综合竞争力提升奠定重要基础。

通过对网络环境下的企业财务会计模式进行分析，可以看出企业可以在网上进行交易，在发展过程中产生的电子货币、电子单据，促使电子结算成为一种可能。企业财务会计管理过程中各种数据能够实现在线输入，电子货币在网络环境支持下能够实现自动划转，业务信息在处理过程中能够实时转化，财务会计在网络环境下真正实现动态信息管理的模式转变。企业财务会计管理模式已经从传统手工管理模式向现代化网络化信息化模式转变，财务会计业务核算从以往的事后核算转化为当前的实时核算模式。从静态传统管理模式转变成动态实时管理模式，财务会计管理在网络模式下真正实现了在线管理策略，当前只有实现财务会计信息收集的动态化，才能实现财务会计信息使用和发布的动态化管理。

二、网络环境下财务会计模式转变过程分析

在网络环境实现背景下，企业管理和经营信息大都以电子化模式运行，企业的管理过程和业务管理流程真正实现了电子化，所以企业管理完全可以在计算机模式化推进。财务会计是企业发生各种活动的一个重要工具，需要按照数字化的模式对传统会计信息中一些不可计量的模式进行改进。比如在传统财务会计中涉及的企业信息资源、知识资源、人物资源等非实物资产，这些资产在运行过程中需要实现数字化，促进企业在网络环境下财务会计模式转变。通过数字化可以对企业经营管理活动进行全面的反映，对提高企业综合管理水平具有十分重要的意义。

通过对网络环境下财务会计模式的分析，可以看出会计软件在财务会计模式转变

过程中扮演着重要的角度，也是新环境下提高企业财务会计管理水平的重要支撑平台。财务会计软件的功能多样化特点对企业管理产生了重要的作用，财务会计软件的使用者可以利用模块化的会计程序实施，可以在信息库中进行灵活有效的选择，把不同的方法运用到企业财务会计决策模型中。最终形成使用者和会计信息的一一对应关系，从而真正实现财务会计信息的定制，实现模式的转变。

通过对网络环境下企业财务会计的特征分析，可以看出企业进行网络交易的资料可以直接下载到会计信息决策系统中，通过网络工具可以把信息很方便地提供给使用者，企业在发展过程中也可以更好地了解自身的情况。可以对财务会计信息进行全面有效的分析，从而把各种决策真实有效地下达到各个下属部门，以保证企业财务会计管理更加便捷、合理、有效。

实时性是企业财务会计管理在网络环境下的一个重要特征体现，在网络环境下企业财务会计发生的数据可以真正实现网络传递。可以把相关财务会计数据信息直接下载到会计运行程序中，从而促使原始单据和最终会计信息能够在瞬间实现信息比对，企业运行过程中如果需要的会计信息能够实时的获取，这对企业全面提高工作效率，提高财务会计管理水平具有十分重要的意义。最终保证了会计信息的输入、收集、处理更加真实有效，能够实时的实现数据信息资源共享。

开放性是网络环境下企业财务会计信息模式转变的一个重要过程，随着网络技术在企业财务会计工作中深入运用，企业财务会计信息的公开化程度和开放化程度越来越高，企业财务会计信息的大量数据需要从企业的内部系统和外部系统采集。企业内部外部各个机构可以根据授权策略，通过网络直接获取有价值的信息。

网络环境下企业财务会计管理人员需要向专业化方向转变，以往中层组织的上传下达模式已经不能适应网络环境下财务会计管理的需要，当前财务会计管理呈现网络化的状态，组织结构呈现扁平化模型。以往财务会计主要进行财务核算，现在的财务会计更重要的功能是实现财务信息分析、财务监督和财务决策。因此，网络环境下，财务会计管理人员应该具备更加扎实专业的知识，这样才能适应新环境财务会计管理模式的需要。

三、网络环境下财务会计风险应对措施

网络为财务会计模式转变提供了环境和平台支持，但是网络运用到财务会计管理过程中也给财务会计新模式的管理带来了很多的挑战。风险管理是财务会计管理过程中一个永恒的课题。财务会计管理过程中经常会产生网络病毒，在计算机上存放的财务会计报表等信息很可能会被窃取，在当前财务会计管理诚信体系还没有真正建立的情况下，财务会计信息被窃取的现象经常发生。针对这些问题，企业在网络化财务会

计管理过程中需要高度重视，只有在实施过程中全面考虑企业财务会计信息的安全成本，才能更好地实现网络环境下财务会计管理目标。

另外，为了避免财务失效，企业可以充分发挥计算机网络的优势和便利条件，通过建立一套积极有效的财务会计预警机制，有效防范网络环境下的财务会计风险，从而更好地保证企业安全有效的运行。为了保证网络环境下财务会计更好的实现管理模式转型，重点需要从两个方面展开工作：第一，需要高度重视和引进高素质财务会计管理人员，不断提高财务会计管理队伍的专业化水平。同时对企业内部财务会计人员定期进行培训，并且采取积极有效的激励机制，充分调动广大财务管理人员的积极性和创造性，把财务会计人员的卓越才能发挥出来。建立高素质的财务会计管理队伍是提高财务会计管理水平的重要举措。第二，企业在发展过程中需要建立严格的网络程序和安全控制制度，其具体内容包括两个方面：一方面，会计电算化内部会计制度建设；另一方面，网络应用程序的控制。只有实现二者的全面控制，才能更好地对网络环境下财务会计管理进行有效的控制，防范各种财务会计风险产生。通过对网络安全的控制和系统的应用控制，可以把一些潜在的危害信息消除，从根本上实现财务会计管理的输入控制和输出控制，为保证网络环境下财务会计信息完整、准确、安全创造了良好的环境。

第六节　企业财务会计外包模式应用研究

随着我国经济的飞速发展，逐步与国际接轨，全球的经济也逐步呈现出一体化的趋势。在这种现状下，企业之间的竞争越发激烈，企业必须要不断地进行创新与改革，打破传统思维与管理模式，使企业在日趋激烈的竞争中立于不败之地。而财务会计外包作为企业灵活布局的重要手段，既可以减轻企业的管理和成本压力，又可以树立企业的核心竞争力。因此，本节主要对企业财务会计外包模式应用进行分析研究。

一、企业财务会计外包概述分析

企业财务会计外包是指企业从整体战略角度出发，将企业生产经营活动全部纳入战略大局的层面上，将部分或者全部的财务会计活动交由专业的财务会计机构来完成，将企业的财务会计活动与企业的未来发展规划有机地结合起来，从而有效降低企业的会计成本，提升企业的整体竞争力。在全球化背景下，企业的成本问题愈发突出，为了有效降低综合成本，突出关键业务，不得不对财务会计活动进行外包。通过外包，可以有效降低企业运营成本，充分利用外部的咨询服务技术、会计服务、信息传递等资源以达到低成本高回报的目的。当然外包的出现以及实施存在很多原因,其中最主要原因有以下两点。

可以降低企业运营成本。企业运营需要很多成本才能实现,企业经营状况良好,对企业生存发展至关重要。影响企业运营情况的因素有很多,怎样对企业运营情况进行准确判断,需要以企业生产运营期间创造的纯利润为基础,获取的纯利润越高,证明其经营状况越好,当然若纯利润较低,或者呈现负数状态,则代表企业经营不够理想。获取更高的企业利润,最直接的方法主要有两种:一种是降低生产成本与运营成本;另一种是提高企业生产或者营销数量,拓展销售渠道,提高销售量。对于企业生产运行期间,降低企业生产成本的方式有很多,最有效也是最直接的方式就是进行业务外包。

降低企业自身的财务风险。企业发展中,财务会计是十分重要的工作内容。但是我国企业发展类型多样,很多中小企业自身经营管理理念相对比较传统,加上资金实力不足,经营模式不够完善,对于财务管理方面的工作重视不足,没有设立专门的财务管理部门,及时对企业财务工作进行管理,因此进行企业财务会计外包是个不错的选择。很多企业设立的财务部门并没有实质性的工作内容,形同虚设,不能很好履行财务管理部门应尽的职责。政府部门定期对企业进行检查,其中财务部门是检查的重点对象,若检查中发现财务方面存在问题,将会对企业造成严重的影响。企业发展期间,生产规模的不断扩大,也要求企业不断改进财务管理模式,满足企业财务管理的需要。当然随着社会的发展以及经济的进步,企业财务管理问题越来越显著,要求企业积极实施财务会计外包政策,才能更好地实现财务管理质量的提升。

二、财务会计外包的方式分析

工资外包。将工资发放业务外包给第三方,可以解决员工的工资保密问题。工资信息都在外包商那里,因此,员工无法得知其他员工的工资情况。这样可以避免员工之间互相比较,防止工作质量和效率降低。如今,此业务深受公司员工欢迎。

财务会计报告外包。外包前,公司管理层需要花费大部分精力和时间监督财务部门会计报告是否符合会计制度,是否按规定将财务信息报告给投资者、管理层、监督机构等相关部门。为了使管理层将重点更多地放在核心业务上,一些公司将财务会计报告业务外包给服务商。

应收账款外包。应收账款对公司来说十分重要,应收账款及时收回则可以提高公司资金利用率,如果拖欠时间过长,则可能使公司出现财务危机。然而,应收账款的核算和催款非常烦琐,需要大量的人力物力。为了提高公司的工资效率,提高应收账款周转率,公司可以将应收账款业务外包给服务商。

三、加强企业财务会计外包模式应用的有效措施分析

增加财务会计外包相关知识的了解。财务会计外包并不是适合所有的企业，一些企业自身能够处理财务管理方面的问题，就不需要进行财务会计外包。同时，采取财务会计外包的企业，并不是将所有的业务全部进行外包，而是将企业中一些业务交与外包机构，结合外包机构的能力对其进行处理。企业经营活动较多，就会产生很多的企业财务活动，这种企业需要进行财务会计外包，以帮助其提升财务活动处理的效率，调节企业财务会计结构变化，帮助企业很好地规避部门之间出现财务作假的现象，提高企业财务运行的速度，获得更理想的财务处理结果。

选择合适的外包服务商。为了保证外包质量，企业在前期应该对外包商的整体水平、业界信誉、服务能力、专业化管理水平等进行考察，从而选择最好的外包服务商。除此之外，还应该充分考虑以下几方面的因素：

（1）外包服务商服务质量。确认其能够高质量地开展财务会计管理工作。

（2）外包成本。对于企业来说，进行外包活动是为了降低财务会计管理成本，因此在基本满足自身财务会计管理要求的基础上，尽可能选择服务价格最低的外包服务商。

（3）外包商的市场口碑。外包商相关服务时间越长，服务能力就越高，越能够保证服务质量，就越能够有效降低外包风险。

合理化外包合同的制定。对于财务会计外包来说，合同的制定也是极为重要的。这是因为合同不仅规定了外包服务中双方的责任和义务，也明确了发生外包问题时候的问题处理方法。因此，在外包合同制定的时候应该结合服务商独立性、企业控制力等因素，尽可能多地满足双方的要求，实现服务双方的利益以及风险均衡。财务会计活动涉及企业的机密，双方应该认真签订保密协议，明确服务范围、服务内容。同时，企业应该加强与外包商之间的沟通交流，针对外包风险漏洞制定相应措施，从而保证财务会计外包活动有序进行。

目前，我国企业面临诸多压力，企业必须要改变传统的管理模式，将有限的精力与资源全部用到加强企业核心竞争力的业务中，可以将一部分业务进行外包。虽然财务会计外包已逐渐受到诸多企业的认可，但是在进行财务会计外包过程中，一定要足够重视，避免在带来利益的同时，忽略了其带来的风险。

第四章 财务会计数据分析

第一节 财务会计数据加工处理与分析

一、会计数据与会计信息

数据是指从不同的来源和渠道取得的原始资料。一般来说,数据还不能作为人们判断、得出结论的可靠依据。数据包括数字数据与非数字数据。在会计工作中,从不同的来源、渠道取得的各种原始会计资料称为会计数据,比如某日仓库的进货量、金额,某日某零件的生产量等等。在会计工作中,会计数据通常反映在各种内容和对外会计报表中。

会计信息与会计数据是两个紧密联系而又有着本质区别的概念。会计信息是通过对会计数据的处理而产生的,会计数据也只有按照一定的要求或需要进行加工处理,生成会计信息后才能满足管理的需要,为管理者所用。但会计数据与会计信息并没有明显的界限。有的会计资料对一些管理人员来说是会计信息,对另一些管理人员来说则需在此基础上进一步加工处理,才会成为会计信息。比如,某车间某月某部件的成本资料,对车间的管理员是会计信息。但对企业领导来说,需要的是企业的成本资料,因此,该部件的车间成本资料要想成为会计数据,还需进一步的处理。

二、会计数据处理

会计数据处理是指对会计数据进行加工处理、生成管理所需会计信息的过程,一般要经过采集、录入、传输、加工、存储、输出等环节。会计数据处理不仅包括为提供对外报表所进行的一系列记账、算账、报账等工作,而且包括在此基础上为提供控制、预测、决策所需会计资料所进行的进一步的处理工作。会计数据处理是会计工作的重要内容之一,是进行其他会计工作和管理工作的基础。会计数据处理有手工处理、半手工处理、机械化处理、电子计算机处理四种处理方式。电子计算机处理是指应用电子计算机技术处理会计数据,这种处理方式是本节的主要论述对象。

三、会计数据处理的特点

（1）数据来源广泛，连续性强，数据量大，存储周期长，类型较为复杂。输入时要进行严格的审核。

（2）对所处理的会计数据的准确性要求高。

（3）信息输出频繁且信息量大，输出形式多种多样。

（4）环节较多，处理步骤定期重复进行，处理过程必须符合会计制度和政府法规要求，并方便审计。

（5）证、账、表种类繁多，要作为会计档案长期保存，并方便查找。

（6）会计数据处理的安全性、保密性要求高。

（7）数据处理对象由货币、财务、定量向货币与非货币、财务与非财务、定量与定性转化。

（8）处理的结果不仅要满足企业对外报表的需要，还应当满足其他信息需求者的要求。

四、会计数据的分析方法

数据加工是对数据进行各种计算、逻辑分析、归纳汇总使之转换为有用的信息的过程。数据加工方法因所处理的对象与所达到的目标不同而千差万别。数据处理与加工方法一般分为变换、排序、核对、合并、更新、抽出、分解、生成等八种。这八种操作是数据处理中最基本的加工操作。同时，现代高级数据处理系统已经引入了各种现代的技术手段。例如，采用预测技术、模拟技术、控制论、运筹学等方法对数据进行更高一级水平的加工。[①]

会计工作的目的之一是提供决策用的财务信息。而财务分析的主要目标有三个方面：分析公司的获得能力、分析公司的财务状况和偿债能力、分析公司筹资和投资的合理状况。

（一）财务分析的含义

财务分析，亦称财务报表分析，是运用财务报表的有关数据对企业过去的财务情况、经营成果及未来前景的一种评价。财务分析的主要内容是会计报表的分析、财务比率分析和预算分析。

不论是静态的资产负债表，还是动态的利润表和现金流量表，它们所提供的有关财务状况和经营成果的信息都是历史性的描述。尽管过去的信息是进行决策的主要依

---

① 徐元元，田立启，刘鹏涛，等．医院会计管理[M]．北京：企业管理出版社，2015．

据之一，但过去未必能代表现在和将来。因此，财务报表上所列示的各类项目的金额，如果孤立起来看，是没有多大意义的。必须与其他金额相关联或相比较才能成为有意义的信息，供决策者使用。而这些正是财务分析所要解决的问题。

如何进行众多信息资料的收集、整理、加工，形成有用的分析结论，在手工会计下是难以全面展开的，而财务分析软件却做到了这一点。在财务分析软件里一般都设置了绝对数分析、定基分析、对比分析、环比分析、结构分析和趋势分析等多种专门的分析方法，提供了从经营者、债权人、投资者等多角度的分段报表选择，数据资源的共享功能，并提供计划情况分析。分析工作者能轻松地完成对会计数据的进一步加工工作，及时、迅速、准确地获取有用的信息，为决策提供正确、客观的依据。财务分析的基本原则是：趋势（动态）分析和比率（静态）分析相结合，数量（金额）分析与质量分析相结合，获得能力分析和财务状况分析相结合，分析过去与预测未来相结合。

（二）财务分析的基本方法

财务分析的方法灵活多样，随着分析对象、企业实际情况和分析者的不同会采用不同的分析方法。这里仅介绍几种常用分析方法。

1. 趋势分析法

趋势分析法是根据一个企业连续数期的财务报表，比较各期的有关项目金额，以揭示当期财务状况和经营成果增减变化及其趋势的一种方法。趋势分析可以做统计图表，以观察变化趋势，但通常用的则是编制比较财务报表的方法。趋势分析的具体方法为：

（1）比较各项目前后期的增减方向和幅度。先把前后期各项目的绝对金额进行比较，求出增或减的差额，再将所求差额除以前期绝对额，求出增或减的百分比，以说明其变化的程度。

（2）求出各项目在总体中所占的比重（百分比）。例如，利润表中以销货净额为总体（100%），资产负债表中，分别以资产总额和权益总额为总体（100%）。比较利润表的分析以及比较资产负债表的分析，都使用趋势分析法。

2. 比率分析法

比率分析法是在同一张财务报表的不同项目与项目之间、不同类别之间，或在两张不同财务报表，如资产负债表和利润表的有关项目之间，用比率来反映它们的相互关系，以便从中发现企业经营管理中存在的问题，并据以评价企业的财务状况的好坏。分析财务报表所使用的比率以及对同一比率的解释和评价，随着分析资料的使用者着眼点、目标和用途不同而异。

3. 构成分析法

构成分析法是以报表或账簿上某一关键项目作为基数，计算其构成因素所占项目的百分比。

4. 比较分析法

比较分析法是通过对经济指标在数据上的比较，来揭示经济指标之间数量关系和差异的一种分析方法。其主要有绝对数分析法、定基分析法、环比分析法三种形式。

第二节　财务会计数据的综合利用

在现代企业中，会计工作是一项重要的管理工作。财务部门是管理信息的主要来源之一，会计信息系统提供的信息量占企业全部信息量的 70% 左右，企业会计电算化系统的建立和会计核算软件的使用，使会计工作发生了质的变化，从会计凭证填制与生成、账簿登记、报表生成以及内部控制都发生了深刻的变化，并产生了丰富的会计数据。这些数据如何加以综合利用，使之在企业管理、经营、分析、预测和决策中发挥更有效的作用，是企业管理者共同关心的问题，也是会计软件发展的趋势之一。计算机在会计工作中的引入，大大加深与拓宽了会计数据的利用深度和广度，减轻了会计人员的核算工作量，从而为会计数据的综合利用提供了技术手段的保证。

进行会计数据综合利用的途径有：

一、对会计软件本身提供的数据处理功能进行综合利用

商品化会计软件或者自行开发的会计软件一般都有以下几种功能：

（1）会计业务处理功能，包括会计数据输入、会计数据处理、会计数据输出。

（2）系统控制功能，包括数据完整性、可靠性控制，数据安全性控制和保留足够的审计线索。

（3）系统操作的简便性和容错性，包括系统的菜单或者对话框应该符合日常的会计核算流程，任何操作都应该有必要的提示，对误操作应该有警告和提示信息。

（4）系统的可移植性，即应满足硬件和操作系统的升级需要。如用友 U8 管理软件，由财务、购销存和决策三部分组成。各部分相对独立，其功能基本能满足用户的管理需要，并且能融会贯通，有机地结合为整体应用，因而能更进一步的满足用户全面经营管理的需要。同时，该软件增加了计划、控制、分析、预测、决策功能，实现了会计软件从事后核算到对过程控制的转变和财务与管理的一体化。提供了应收、应付款管理、资金占用、信贷管理、成本计划、预测和核算、项目管理、费用预算控制、

采购管理、库存管理、存货管理、工资管理以及固定资产管理等功能。并引入系统管理功能，可以进行财务分析、数据提取、自定义查询等系统内部数据资源的综合利用，从而变静态管理为动态控制，为预测、分析、决策提供保证，实现真正的决策支持。

二、利用会计软件本身的开放接口进行二次开发

会计电算化信息系统内各子系统之间都存在着数据接口，用以传递各子系统内部之间的信息。这种数据传递通常是依据事先设计好的数据模式，通过计算机按照模式定义，自动采集、加工、处理数据，最后生成传递的数据，并输入到系统间的数据接口或加载到另一个系统中去。然而，在实际业务中，用户对软件的使用和对信息的需求，不全是按照开发商的设计来进行的，不同的用户对数据具有不同的需求。许多会计软件提供将所有的账簿、报表数据转换成 Excel、Foxpro、SQL Server 以及文本节件等格式的功能。提供通过直接从 SQL Server 获取数据的方式。[①] 这样做，一方面，有利于用户进行系统的二次开发；另一方面，使得会计软件更易于与第三方软件结合，充分利用信息资源。如用友管理软件可以借助系统自由表的链接与嵌入功能，在一个应用程序的文档中包含另一个应用程序创建的信息。例如，在自由表中插入 Microsoft Excel 电子表格、Word 文档等支持链接与嵌入功能的程序。

三、利用财务分析模块实现数据的综合利用

财务分析是指以企业财务报表和其他资料为依据和起点，采用一定的方法，系统分析和评价企业的过去和现在的经营成果、财务状况及其变动，目的是了解过去、预测未来，提供企业集团的辅助决策信息。

财务比率是根据财政部公布的评价单位经济效益的六大类指标体系（共 24 个基本财务指标），并规定其各自相对应的计算公式而形成的。目前，大多数会计软件如用友、金蝶、国强等软件中都设计了财务分析模块，对会计数据进行分析比较，提供的分析功能主要有：财务指标分析，包括变现能力比率、资产管理比率、负债比率、盈利能力比率等内容；标准指标分析、理想指标分析、报表多期分析，同时还具备变动百分比、结构百分比、定基百分比、历史比率分年分析、财务状况综合评价以及盈利能力、偿债能力、成长能力等指标分析。分析的结果以报表或图形的方式直观地提供给用户。有些软件中还提供了现金收支分析功能，向客户提供现金收支表、现金收支增减表、现金收支结构表等信息。

利用会计软件进行财务分析时，首先，要进行一定的初始化操作，用来设定一些基本的分析项目和指标等。然后，指定指标数据的分析日期，以及比较日期等时间信息，

---

① 蒋占华. 最新管理会计学 [M]. 北京：中国财政经济出版社，2014.

这样就可得到相应的分析内容。例如，利用用友会计软件进行财务比率分析时，具体分析操作过程一般包括指标初始、指标调用、指标分析、保存和打印。

（一）财务比率初始化

财务比率指标的数据来源于企业总账系统，初始化的作用在于选定本单位需要分析的具体财务指标，以使指标分析更简洁，清楚地反映分析者的意愿。

操作时，用鼠标双击系统主界面中的指标初始，显示分析指标项目，再选定具体需要分析的指标，单击某一指标的比率名称完成操作。

（二）分析日期与比较日期选择

在财务分析模块中，双击系统主界面中指标分析，弹出"基本指标分析"对话框，进行分析日期与比较日期选择。分析日期可以按月、季、年进行选择；比较日期有本年年初与任一期两种选择，在系统中，可以同时选中，也可以只选其中之一。选定任一期作为比较日期，即把"选定分析日期"的指标与将要进行比较的某会计年度中某一期进行比较。例如，选择按月分析：分析日期为2003年2月，比较日期为2003年的1月。

四、利用会计软件中的报表处理功能实现财务分析

虽然各会计软件公司纷纷推出财务分析模块，但由于这些模块往往仅限于对资产负债表、利润表等当年信息数据进行分析，财务分析的数据来源比较单一，计算方式有限，因此财务分析工作存在较大的局限性。

利用报表处理子系统中报表格式灵活多样、数据来源多、计算方式多样，有的软件还可调用系统函数等优势，可以弥补分析软件在综合利用会计数据时功能的不足。

许多软件的报表功能已日趋强大，不仅能够方便直观地编制报表，而且很容易地建立起一套会计数据分析和会计数据核算的模型，以及企业内部的事务管理系统，为会计管理、决策服务。前面介绍的财务分析中的指标、比率均可用报表处理软件实现，甚至利用报表功能还可进行成本分析和生产管理。

利用会计报表建立财务分析的一般操作步骤为：

（1）设计和确定一种会计数据的分析模型。

（2）进入报表系统，完成报表格式设置，指定报表标题、行列信息等内容。

（3）具体描述报表内容，定义报表项目。

（4）定义每一具体项目的公式，包括取数方式、数据来源、运算公式等信息。

（5）调用报表计算功能，生成分析报表。

（6）打印输出，查询或转出分析结果。

五、利用辅助账管理实现数据综合利用

手工会计下，会计核算方法遵循会计准则和会计制度的要求，按照一个会计核算期内初始建账时所设置的科目体系结构进行数据逐级汇总核算。若想按管理所需要的核算模式进行特殊的会计处理，在手工会计下难以实现。会计电算化后，辅助账管理功能的引入，有效地解决了上述问题。辅助账特别是"专项核算""台账"等功能，是按照"分析核算"和"会计信息重组"的思路进行设置的，即在日常所设置的会计科目结构体系进行常规会计核算的基础上，由用户根据自己的管理需要，进行"任意"的组合，完成账务数据的交叉汇总、分析和统计，生成不同科目结构的会计核算数据，从而达到多角度分析会计数据的目的。如根据企业的商品、部门、人员、地区、项目等进行专项处理，则可获得有关的财务信息。

将多种辅助账簿，如专项核算和台账结合在一起，组合为专项核算台账，则可对某核算项目的信息进行多方位、即时的数据查询。再利用报表功能将辅助账信息进行重组，以表格或图形的方式提供给用户，则更能体现出这一手段的强大功能。

第三节 财务会计软件中数据的获取

财务分析的对象是会计数据，如何从会计软件中获得所需的数据，以及如何从不同角度取数是进行财务分析的前提。手工会计下，会计数据存放在凭证、账簿和报表等纸介质之中，因此，获取会计数据只能靠人工摘录、抄写和复制。会计电算化后，传统的会计的数据处理方式、存储方式、输出方式发生了根本性变化，它可以根据企业管理、分析、预测、决策的各种需要，做到及时、准确地提供丰富的数据源和复杂的计算结果。

一、会计数据源分析

根据会计数据存放介质和范围的不同，可分为：

（一）手工会计数据源

各单位在开展电算化时，不可能一开始就建立完整的电算化核算系统，往往是从账务处理、会计报表子系统开始，逐渐向其他子系统扩展。因此，在电算化工作起始阶段，会计数据不能完整地从机内得到，有些数据仍需从手工账簿中获取。

（二）单机环境下的数据源

对于小型企业来讲，会计核算往往在单机中进行。大部分数据存放于本地计算机内，且数据不能共享，获取数据时，须借助软盘等磁介质。

（三）局域网环境下的数据源

越来越多的单位，逐渐建立基于局域网环境下的计算机会计信息系统。在局域网环境中，会计核算工作是在若干个工作站和网络服务器构成的局域网络环境中进行的，会计数据保存在本地的网络服务器中，单位内部可实现数据资源共享。

（四）广域网环境下的数据源

随着全球以国际互联网为中心的计算机网络时代的到来，一些大型企业、集团公司、跨国公司纷纷建立广域网环境。广域网环境下，不仅能够即时提供集团公司内部的会计数据，而且能提供丰富的外部信息，不少软件已推出了具有 Web 功能的远程查询系统，以访问不同地区的多种数据源。

（五）辅助数据源

财务分析时除会计信息之外，还需要其他的辅助信息，如市场信息、金融信息、政策信息等；还需从其他管理系统中，如生产管理系统、物料管理系统、人事管理系统中获取信息。

二、从会计信息源中获取信息的途径

（一）一次输入、多次使用

会计软件的设计者充分考虑了数据的共享和重复使用，因而所有的会计数据在一次录入后，均可多次重复使用。如采购单录入后，可直接生成凭证，并转入账务处理子系统；成本费用可以在成本核算中录入，进行成本计算后再通过凭证自动生成，引入账务处理子系统，从而为会计数据分析模块提供数据源。

（二）查询录入

查询录入是指管理者通过查询和阅读获取数据后，通过人工录入方式将相关数据存入会计管理系统的数据分析文件中。对于没有实现完整电算化的单位而言，这一方式是必不可少的[①]。例如，某单位没有使用固定资产核算模块，若要分析与固定资产有关的数据，就必须从手工账中查阅到该信息后，将其录入计算机。

（三）机内取数

运用会计软件或其他计算机应用软件所提供的取数工具，直接从存在于机内的账

---

① 唐清安，韩平，程永敬，等. 网络课堂的设计与实践 [M]. 北京：人民邮电出版社，2003.

务、报表等模块中读取或生成所需的财务分析数据，这是获得会计数据的主要途径。

（四）利用数据库本身提供的数据转出获取数据

各种大型数据库都提供了导出功能，可以将指定的数据以指定的文件格式转出，不同数据库的转出功能可以参照相应的数据库管理手册。有些软件中提供了查询数据转出功能，可以直接将查询到的数据引出，提供给财务分析模块使用。

（五）读取存于机外磁介质或光盘介质中的数据

机外磁介质和光盘介质可用来存放会计源数据和辅助数据源文件。会计软件可自动从这些介质上直接获取数据，并将其存放在财务分析模型中。这种方式适用于单机之间数据的传递。例如，某集团公司欲从各销售网点中获取有关销售数据，各网点独立运行单机的销售软件，这时，就要求各销售网点将装有销售数据的软盘送到总公司，由计算机完成自动读取数据的工作。

（六）网络传送

对于局域网络环境来说，财务分析系统可自动从网络服务器上直接获取数据，并将其存入财务分析模型中。例如，在局域网络环境中，不同的会计数据（如账务数据、材料核算数据、固定资产核算数据、成本核算数据等）是由不同的子系统产生的，但最终都存放在服务器上，此时，财务分析系统可自动从网络服务器上直接获取数据。

对于采用广域网络环境的单位来说，各分公司、子公司或基层单位的会计业务处理都在不同城市的计算机中完成，并存放在当地计算机或服务器中。总公司、母公司或上级单位所需的财务管理与决策数据来自下属单位，因此，各分公司、子公司或下属单位定期（1天、5天或10天）利用远程通信工具，通过调制解调器、电话线和国际互联网，就可以坐在办公室里，轻轻松松地向其上级单位报送会计数据。上级单位在收到所属单位传送的会计数据后，便可由财务分析系统自动从主网络服务器上或本地硬盘中直接获取数据。

第四节 资产减值准备与财务会计数据

随着我国经济的不断发展，企业资产减值也面临着机遇和挑战。虽然资产减值准备还处于发展的初期阶段，但是资产减值准备对会计数据的影响却是深远的。本节通过分析资产减值准备的概念，了解资产减值准备的范围，探讨资产减值准备中存在的计量上的缺陷以及监督管理不严谨等问题，提出加强监督体制改革和完善计量方面的措施，为资产减值准备提供可靠保障。

当前阶段，随着企业资产减值行为不断增多，资产减值准备也受到了社会各界的关注。企业在经营过程中，存在许多不确定的风险。因此，在会计核算过程中，需要通过严谨的判断指出企业面临的不确定因素，对面临的风险和损失进行充分的估计，保证资产的真实性。

一、资产减值准备概述

在国际会计准则中，对资产减值的定义是资产可以回收的资金小于其账面价值。我国会计准则以国际会计准则为基础，通过对企业资产潜在的损失和风险进行审核评估，以资产可能或已经存在的减损现象为根据，定义资产减值准备概念。

根据相关制度规定，企业需要在一定时期内对其各项资产进行检查，包括固定资产、投资资产等，对资产中可回收金额低于账面价值的部分计提为资产减值准备。资产减值准备范围较广泛，包括坏账准备、短期投资跌价准备、长期投资减值准备、存货跌价准备等。

综上所述，资产减值准备就是对企业资产净值减项的反映，是对企业经营状况和财务情况的一种反映，也是为了避免资产由于计量上的不真实而造成的资产虚假现象。对于企业资产减值准备，既能够解决资产价值波动问题，又能够遵守会计处理原则，对企业的发展非常重要。

二、资产减值准备对会计数据的影响

（一）更真实地反映资产价值和利润

会计要素的确认和计量缺少可靠性，导致会计信息失去真实性。长时间以来，企业资产账面价值与资产本身的价值存在一定差距，资产负债表中的资产存在不真实现象，这样企业的资产损失较多，但是坏账准备计提比例又很低，与实际的情况相违背，允许计提的坏账准备与存在的坏账准备存在较大差别，导致企业会计数据中反映的现象与实际情况不符合。部分企业的很多过时存货已经失去价值，但是报表上仍反映其成本价值。有的投资已经失去效益，甚至连成本资金都很难收回。例如，投资企业已经亏空停业，投资成本损失，报表却无法显示真实的投资状况。以上现象可以通过计提资产减值准备反映企业真实的资产状况和利润情况，以提高企业会计信息的可靠性。

（二）坏账准备对企业会计数据的影响

坏账准备的计提方法是根据企业自身实际情况自行制定的，坏账准备计提方法制定后不能随意更改，如果需要更改，需要在会计报表附注中写明原因。企业的坏账准备比例主要是根据经营经验、债务单位的实际财务状况等相关信息，通过科学合理计算进行估计的。坏账准备由企业自己调整计提比例，这一点有利有弊。一方面，对于会计核算正规、资产较好的企业来说，能够根据财务报告真实地反映企业的财务状况和经营成果，起到积极作用；另一方面，部分企业通过调节坏账计提比例来调整企业财务状况，通过调整计提比例来增加当期费用，减少利润，减少当期纳税。

（三）投资减值准备对会计数据的影响

首先，短期投资减值准备。会计准则中规定，企业在短期投资过程中，可以根据投资的资本与市价比较，根据实际情况通过投资比例、投资类型和单项投资进行计提跌价准备，如果其中一项短期投资的比例较大，占据整个短期投资的10%以上，可以以单项投资为基础计算其计提跌价准备。由于会计准则中的规定相对灵活，这就给企业的操控和选择留有空间，部分企业根据总体、类型或单项的选择来控制利润，使得总体计提跌价损益失去可靠性。其次，长期投资减值准备。根据投资总则要求，企业需要对长期投资的账面价值进行定期和不定期的检查，至少每年检查一次。如果由于市场价值的持续下降或投资部门经营状况发生变化导致其投资项目可回收金额低于投资账面价值，可以计算可回收金额与投资账面金额之间的差额，以此来作为当期投资的损失。然而，在实际操作中，企业的部分长期投资中，有的投资有市价，有的投资没有市价，根据不同情况通过财务人员对长期投资项目经营状况进行判断而采取不同方法的资产减值准备。但是对投资项目经营情况的判断主要根据从业人员的职业水平和主观判断[①]。从客观的角度讲，每个企业的情况不同，每个财务人员的价值观和专业水平不同，在企业结构不清晰、市场机制不完善的情况下会导致判断结果的偏差，使得部分企业利用这一漏洞操控计提资产减值准备的结果。

（四）存货跌价准备对会计数据的影响

企业进行存货跌价准备需要满足一定的条件，主要分为以下几种情况。第一，市场价格持续下降，在未来的一段时间内很难升值；第二，企业在生产产品时，使用的原材料的成本价格高于其销售价格；第三，企业产品生产不断进行生产工艺和技术的更新换代，原有的库存材料已经不能满足产品生产的需要，而该材料的市场价格又低于投资的价格；第四，企业所生产的产品因消费群体减少或消费人群喜好改变而使市场需求量减少，导致市场价格降低；第五，其他证据证明该项存货实质上已经发生了减值的情形。当存在上述情况中的一项或几项时，应当对存货进行跌价准备。对于已经发生变质或过期的无价值存货，或者生产中不再需要，已经无法实现使用价值和转让价值的存货计提存货跌价准备。在相关准则中，由于存货跌价准备可以进行单个或分类计提，而存货计提状况判断主要由企业自行决定，这就给予企业一定的灵活性，同时，也给企业会计数据准确性造成了一定的影响，给一些动机不良的企业提供了可乘之机。

---

① 王伯庆.2011年中国大学生就业报告[M].北京：社会科学文献出版社，2011.

（五）计提资产减值准备对会计数据的影响

计提资产减值会给会计数据带来负面影响，不能体现会计数据的稳健性。在会计制度的严格要求下，资产减值准备在每个季度末能够合理地预计几项重要资产可能发生的减值准备，根据规定能够有效地减少企业资产计量缺少真实性而造成的资产夸大和利润虚增等现象，进而能够从会计信息上较真实地反映企业经营的现象和财务真实状况，保证企业财务信息的真实可靠。但是计提资产减值准备存在较大的随意性，计提过程中，很大程度上取决于会计人员的职业判断，这样一来，会计人员的主观思想在计提资产准备过程中占据主导地位，如果没有很好的控制尺度，很容易产生隐匿资产的现象，使得企业经营状况和财务状况不能真实地得到披露，从而影响信息使用者的利益。

三、资产减值准备在企业会计中存在的问题

（一）计量上存在缺陷

资产减值产生的原因主要是资产账面价值大于可回收价值，其根本原因在于我国会计计量存在缺陷，计量发展存在滞后性。国际上，一般企业采用公允价值计量模式，而我国还采用传统的计量模式，没有统一的计量模式，且在计量方面的制度还不完善，不利于资产减值工作的进行，影响资产减值准备工作的准确性。

（二）财务人员素质不高

资产可回收价值是计提和确定资产减值准备过程中较为重要的依据，而在资产减值准备过程中，财务人员的判断能力和专业水平更是资产减值准备确定的关键性因素。当前阶段，我国企业财务人员素质普遍不高，缺少专业的水平和丰富的经验，没有较好的判断能力，企业部门对财务人员的监督管理松懈，没有严格的管理制度和管理措施，导致资产和利润估计不准确现象频繁发生，给资产减值准备工作发展带来了困难。

（三）监管机制不完善

当前阶段，我国企业资产减值准备监管机制不完善，导致资产减值准备再确认缺少权威性。在会计审计过程中，没有合理的监督管理制度做指导，没有完善的监督管理体制发挥作用，导致会计信息存在虚假现象，在资产准备中难以进行准确判断，不利于企业资产减值准备的良好发展。没有完善的监管机制便无法实现工作人员行为规范，很难推动企业资产减值的进一步发展。

四、解决资产减值准备问题的对策

（一）统一计量模式

计量模式的不统一，导致资产减值准备工作标准多、规则多，难以控制和掌握，因此，可以参考国际会计准则的资产减值计量标准，通过对中国国情的研究和我国当前企业发展现状，制定适合我国的独立的资产减值准则。此外，在建立统一计量模式的同时，需要对现金流量净现值进行计算，估计各现金流出量、流入量以及贴现率和使用期限等，这就对我国财务人员的专业水平和能力提出了更高的要求。

（二）提高财务人员的专业素质

科学合理的业绩考核制度能够帮助企业更好地管理资产，也是提升企业影响力的重要手段。所以完善企业业绩考核制度不仅是提高财务人员专业水平的有效措施，更是加强企业内部管理的重要手段。通过建立考核制度，提高财务人员的职业道德素质和专业能力，建立物质、精神奖励，激励工作人员工作热情。同时，减少操纵利润、虚增企业资产的不良行为，打造健康的企业内部、外部环境。提高财务人员的能力，使其适应当前经济发展形势，在资产减值准备中拥有更精准的判断力，保证资产减值信息的真实可靠。

（三）完善监管机制

首先，良好的监督管理是企业资产减值准确性的有效保证，更是企业资产减值准备有效性的重要保障。通过建立严格的监督管理体制，加强对企业资产减值定期和不定期的审计与监督；通过单独审计加强资产减值准备计提的可靠性。与此同时，严格规范财务人员的工作行为和规范，在工作过程中进行监督管理，进而不断推动我国企业资产减值准备工作的发展。其次，完善的市场机制能够增强财务人员对资产减值准备的可操控性，为资产减值准备提供可靠性保障。因为目前我国的市场体系不够完善，会计信息存在不真实、虚假现象。通过完善市场机制，能够保障会计信息的真实性，为企业计提资产减值准备提供真实可靠的数据信息，为推动资产减值准备发展奠定基础。

综上所述，企业资产减值准备是对一个企业经营成果、财务状况的真实反映，当前社会经济发展过程中，企业资产管理是必不可少的一部分。资产减值准备包括很多部分，通过每个部分可以把企业的整体财务现象反映出来，其中资产减值准备对会计数据产生了一定的影响，包括正面影响和负面影响。我国资产减值准备要想全面发展，需要在发挥其积极作用的同时，减少其消极影响。

第五节 大数据与财务会计核算

随着云时代的到来,大数据在更多的行业受到了关注,大数据和云计算技术具有对数据快速处理和分析等优势,在互联网时代对各行各业的发展提供了有力的发展环境。会计核算与纳税筹划是一门对数据分析和处理要求高的工作,引入大数据财务运算技术,可以使会计核算工作的数据处理效率和质量提高。一般情况下,大数据的财务运算技术主要以云计算为依托,通过复式记账的方法来对财务进行处理,现阶段企业的财务数据信息主要建立在云服务器的数据库上。

大数据的发展对会计核算行业也有着重要的影响,在数据的总体性要求原则、会计信息质量要求原则上发生了改变,改变了以往传统的会计核算模式,通过先进的计算机技术使会计核算的工作变得简单化、智能化和高效化。然而,由于大数据本身的一些缺陷与会计核算工作的特点具有冲突,因而完全改变传统的会计核算工作也会带来多方面的影响。

一、大数据的定义

大数据是随着互联网技术的发展而出现的新名词,它是指数据的规模巨大且利用现行的软件无法在一定的时间内完成数据抓取、处理、分析和转化的有用数据集合。大数据是一个较为广泛的概念,它的应用范围也较为广阔,如互联网大数据等,对于企业的发展具有推动的作用。当前大数据主要涵盖两种或两种以上的数据形式,使用大数据进行数据分析,能够从中寻找到自己想要的信息或内容,一些企业还能够通过大数据对用户的行为习惯和特点进行分析,并将分析的报告作为企业下一阶段产品设计、生产以及广告投放的基础。如通过大数据可以调查用户对某一产品的兴趣度,可以分析用户的年龄、性别以及喜好、建议等,以作为市场调查的有力依据。大数据能够高效率、低成本地收集不同容量和频率的新一代处理技术,因而具有成本的优势。

二、大数据对会计核算的影响分析

(一)会计核算数据的真实性受到影响

大数据对会计核算工作带来的影响首先是对数据的真实性带来影响,大数据包含的数据极多且种类和渠道是多样化的,而在会计核算工作的开展中,大数据通过自身快速的数据分析能力和处理能力,能够提升核算工作的效率,节省更多的时间。在传统的会计核算工作中,会计人员对于海量的信息数据不能很快地做出反应去对数据进行辨别，使会计的工作效率大大降低，不能为企业带来最大的经济效益与社会效益。然而，在社会实践的过程中，会计人员的信息核算不能简单地以主管的思想对数据内容进行判断，而应建立在一定的理论和数据模型分析的基础上。

（二）改变了投资方的投资视角

大数据的应用中，会计的质量要求虽然能够很大程度上满足企业的发展需要，但是现代的企业在寻找投资者时，会关注企业内部存在的风险，因此，对企业的财务报表会详细地了解。而企业将财务报表制作得科学合理且符合企业的发展实际，使投资方看到企业的潜力和发展实力，则会从根本上带来更多的投资和关注。大数据的分析和应用使投资方能够看到企业一方内部经营的状况，从而实现数据的发展和应用。

（三）有利于企业的风险评估

大数据技术的应用能够使企业关注自身在市场竞争中的地位和形象，了解自身的发展概况，从而能够深入企业的发展规划中对企业将面对的风险进行评估，使企业能够在信息全球化的形势下立足。风险评估是企业未来发展规划中应预测的内容，企业根据自身的发展经历和发展现状，考察外部的市场环境和趋势，对未来的发展态势和前景进行评估，而这些主要通过大数据来实现。

（四）提高财务信息的整理和传送效率

企业会计工作应准确和及时的完成，在企业的交易结束以后，会计人员需要对财务信息进行整合与传送。设计人员将信息传送指定的位置，使企业在大数据的影响下能够及时地了解相关数据内容，并确保了数据的时效性，提高了财务信息的整理效率，让财务信息更加清晰有序。

（五）企业会计信息对外更易理解

由于工作的原因，企业的会计信息有时需要对外进行展示，传统的会计信息展示非专业的人士较难看懂[①]。而大数据计算分析以后的会计核算信息，用户能够快速地浏览到其中的重点和精华，可以快速地寻找到自己想要了解的信息和知识内容，使会计信息的内容更容易被人所理解。

（六）市场化效果强

会计核算工作在以往的发展中，由于其形式是静态的，所以很难满足日益变化的互联网市场竞争需要。大数据技术的应用使得会计的核算工作以及效果呈现可以转移到手机终端或 PC 终端等，用户能够观测动态的内容，并能够随时对其中的内容进行查阅和了解，这样就会使会计核算工作的市场化程度加深。

---

① 许尔忠，等. 走向应用型 [M]. 武汉：武汉大学出版社，2015.

(七)加速企业的资金周转

大数据技术的应用依托于互联网技术,而互联网技术的第三方支付平台让资金的流动速度增加。当前企业的资金实际流动状况,通过大数据的报告可以体现出来,企业的财务报告可以将分析的数据结果展现在投资方面前。依托于互联网的多种技术周转和应用,加速了企业资金的运转和利用率。

(八)会计核算数据的精准性降低

大数据的出现使传统会计核算工作中的弊端消除,改变了传统的会计核算模式,改善了数据真实性的问题。大数据的应用使得会计行业的精准性受到影响,会计核算的特点是高度的精准性,而大数据无法保证这一要求的实现。现代企业人员与会计人员对数据的关注不仅仅是精准,还包括时效性。会计人员通过收集到的数据信息,能够及时地进行预测,再通过信息的分析能够使未来企业的发展受到影响。大数据中多样的信息给人们带来有利的一面高于有弊的一面,所以信息的精准度要求会有所降低,从而使得会计的核算工作处于矛盾中。大数据时代的到来,会计信息化发展中非结构信息受到更多的人关注,以前会计人员没有利用和分析到的数据信息,成为限制企业发展的重要内容。因此,会计人员应重新找寻工作模式,将企业中的非结构化数据进行大量的收集,并利用计算机技术对其进行理解和分析,从而为企业所服务。

三、大数据时代未来会计核算行业的发展趋势

大数据的发展和应用对会计核算工作带来的影响是有利有弊的,但是其也具有自身的优点,在实际的会计核算工作中,大数据的应用应在满足用户服务的基础上实现。企业的会计人员应不断提升自身的综合素养,学会利用计算机技术来开展会计核算工作。同时,将会计核算工作的内容水平不断地提升,提升财务数据整理和传输的效率,使自身的技能不断丰富完善,以便于应对大数据时代的到来,迎合时代的发展潮流,为企业创造更多的经济价值。

云技术的应用与发展,使互联网大数据平台与我们的生活息息相关,企业通过大数据的应用能够为企业自身的发展服务,帮助企业在激烈的市场竞争中找到立足之地,顺应时代的发展潮流。会计核算对数据的精准度以及真实性要求高,大数据在这一方面的数据分析具有一定的模糊性,使其不能完全取代传统的会计核算模式,但是其自身的优势可以为会计核算工作所用。如财务数据信息的整理与传送等,可以帮助会计工作者提升工作的效率,这也需要会计人员能够与时俱进,不断提升自身的能力素质和水平,从而更好地应对时代发展的潮流。

第六节 数据挖掘与财务会计管理

随着计算机技术的飞速发展，会计管理也逐步实现了计算机化，计算机进行会计管理过程中会产生大量的数据，而这些数据含有很宝贵的潜在价值，值得去进行分析。要对这些大数据进行分析，光依赖人工是无法实现的，因此，基于数据挖掘技术的汇集管理与数据分析便应运而生。本节在介绍数据挖掘技术的基础上，阐述了其在会计管理与分析中的应用研究。

数据挖掘就是指从超大量的计算机数据中寻找和分析对企业有潜在价值的数据信息的步骤，该过程可以为企业的生产、经营、管理和风险评估带来巨大的价值，大大提高企业的管理水平和风险防御能力。因此，数据挖掘技术被广泛应用于企业管理、生产制造、政府管理、国家安全防御等各行各业中。某调查数据显示大约有30%的数据挖掘技术被应用于会计管理领域中，32%的数据挖掘技术被应用于金融分析与管理领域，用在信息系统和市场领域的分别占29%和9%。该数据显示数据挖掘已经广泛应用于会计管理中，其可以帮助企业分析和挖掘出更多潜在的客户、供货商、潜在产品市场以及内部管理的优化数据等等，这些都将为企业提供更优化的管理依据和运营模式，以提高企业的综合实力，增强其在市场中的竞争力。

一、数据挖掘技术概述

（一）数据挖掘的基本定义

数据挖掘是通过某种算法对计算机系统中已经生成的大批量数据中进行分析和挖掘，进而得到所需有价值的信息或者寻求某种发展趋势和模式的过程，数据挖掘是将现代统计学、计算机算法、离散数学、信息处理系统、机器学习、人工智能、数据库管理和决策理论等多学科的知识交叉在一起所形成的。它可以有效地从海量的、繁杂的、毫无规律的实际应用数据中，分析得到潜在的有价值的数据信息，以供企业使用，帮助其改善管理流程，并为管理者做判断时提供有价值的参考。决策树算法、聚类分析算法、蚁群算法、关联分析算法、序列模式分析算法、遗传算法、神经网络算法等都是数据挖掘技术中常用的算法，可以大大提高数据挖掘的效率和质量。

（二）数据挖掘的基本流程

SEMMA方法是目前最受欢迎的一种数据挖掘方法，其由SAS研究所提出。它主要包括数据样本采集、大数据搜索、数据调整、模型建立和挖掘结果评价五个数据挖掘步骤。

数据样本采集过程是在数据挖掘之前进行的数据储备过程，该过程一般是先根据预先设定的数据挖掘目的，选定要进行挖掘的现有数据库。采集过程主要是通过建立一个或多个数据表来实现的。所采集的样本数据不仅要足够多，以使这些数据尽可能涵盖所有可能有价值的潜在信息，还要保持在一定的数量级下，以防止计算机无法处理或者处理很慢。大数据搜索过程主要是对上一阶段所采集的大样本数据进行初步分析的过程，通过对这些海量数据进行初步分析以发现隐藏在数据中的潜在价值，从而帮助调整数据挖掘的方向和目标。数据调整过程主要是对前面两个过程所得到基本信息进行进一步的筛选和修改，使其更加有效，方便后续进行建模处理，提高所建数学模型的精度。模型建立过程主要是通过决策树分析、聚类分析、蚁群算法、关联分析、序列模式分析、遗传算法分析、神经网络等分析工具来建立模型，从采集的海量样本数据中寻找那些能够对预测结果进行可靠预测的模型。挖掘结果评价过程主要是对从数据挖掘过程中发现的信息的实用性和可靠性进行评估。

二、数据挖掘在管理会计中的运用

随着市场经济的发展，企业所面临的竞争压力越来越大，因此，企业管理者要赢得这场激烈的市场竞争，就必须及时准确地掌握企业运行动态、市场趋势、产品发展趋势等关键决策信息。而得到这个重要信息就要重视管理会计的作用，这是现代企业决策支持系统的重要组成部分，如何有效地、准确地发现这些关键数据已经成为制胜的关键决策。涉及会计管理庞大的数据量，必须分析这些海量的数据，从而获取潜在的有价值的信息；必须使用数据挖掘技术来分析关键的决策信息，以帮助企业提高成本管理，提高产品质量和服务质量，提高商品的市销率等。[①]

（一）作业成本及价值链的数据挖掘

运营成本精确控制可以帮助企业来精确计算企业的运营成本，确定企业资源最合理的配置和使用，但精确的成本控制是非常复杂的，在过去的完成过程中需要花费大量的时间和精力，难度非常大。数据挖掘技术的回归分析、分类分析和管理会计主管人员的其他方法，可以自动通过计算机数据挖掘系统获得精确的工作成本。同时，它也可以对运营成本与价值链之间的关系进行分析，判断增值作业和非增值作业，持续改进和优化企业的价值链。帮助企业降低运营成本，提高盈利能力。

（二）资金趋势的数据挖掘

会计经理经常需要现金流的趋势来预测未来的业务分析，以帮助制定下一财年的资本预算。但预测是基于历史数据和大量相应的预测模型的，而它是非常难以获得的。

---

① 宋丽群.财务管理[M].北京：北京大学出版社，2011.

为了克服这个问题，可以充分利用数据挖掘技术，自动提取大量的数据在根据预先设定的规则所要求的预测信息范围内，并通过趋势分析、时间序列分析、神经网络分析、聚类分析、情报分析方法，在建立如成本、资金、销售预测等数学模型来预测运营指标的准确和高效的基础上，为未来的决策做出指导和参考。

（三）投资决策数据挖掘

现有的投资决策分析涉及复杂的因素，如财务报表、运营数据、资本流动、外部市场环境、宏观经济环境，依赖与其他企业的产品，这是一个非常复杂的过程，它需要智能工具和模型。数据挖掘技术，提供了一个非常有效的投资决策的分析工具，它可以直接在分析数据的基础上，从公司的财务、外部市场环境、宏观经济环境和企业产品数据的依赖因素等着手，在海量数据中挖掘有用的信息和有关决策确保投资决策的准确性和有效性。

（四）顾客关系管理数据挖掘

良好的客户关系的管理模式对大公司来说是非常重要的，这样可以大大提高企业的竞争力。它是基于客户关系管理模型并通过数据挖掘已经优化潜在的客户关系管理模型，可以从现有的大规模的客户关系管理数据进行分析。首先，对客户群体进行分类，再利用聚类分析工具对数据挖掘技术进行分类来发现客户群体行为的规律，使客户群体得到差异化的服务并实施；一般来说，可以从客户数据和客户行为中挖掘出客户的需要和偏好等因素，再对这些因素进行动态的跟踪和监控，以根据产品的特点提供个性化的服务，从而建立长期的客户合作关系，提高客户的忠诚度。

（五）财务风险数据挖掘

企业要健康长远发展，必须要加强金融风险评估和分析警告。风险评估难度大，周期长的传统模式，难以满足企业的实际需求。在此基础上，会计师可以通过建立企业财务危机模式进行企业破产预测、盈利预测、投资预测，并利用数据挖掘工具共享的效率和准确性进行财务风险的预测和企业的综合评估，并进一步进行其他方面的预测分析。通过建立这些完美的预测模型，极大地提高企业的管理水平和管理人员的综合素质，让他们及时了解财务风险、运营风险、投资风险，并让企业提前来改善企业的基础，采取的风险防范措施。

会计管理信息化的过程中会产生大量的数据，这些数据都是企业巨大的潜在财富和价值，要充分利用好这些潜在财富价值，就必须找到相应的有利的工具。而数据挖掘技术则可以高效地从这些海量的数据中挖掘出对企业有价值的潜在信息，以为管理者的各项决策和控制提供可靠的依据。因此，会计管理人员要加强对数据挖掘技术的学习和应用，为企业的发展注入新的活力。

第五章 大数据会计研究

第一节 大数据会计问题

对会计工作而言，财务数据信息化、集成化管理已经成为大数据时代背景下的必然趋势。首先，会计人员在进行信息沟通的过程中，不得不顺应这一时代发展趋势，借助各种信息化方式实现不同领域之间的相互沟通；其次，无论是财务软件的开发与应用，还是会计电算化应用水平的不断提高，都为大数据分析提供了充足条件。然而，大数据时代的会计信息化管理还处于起步阶段，在实际工作中还面临着许多问题等待人们去深入探究。

一、大数据时代会计工作中存在的问题

（一）会计信息化定位不明确

目前，很多企业高层管理者并没有认识到大数据时代会对会计工作产生何种影响，对于会计工作的职能定位只局限于核算功能，并没有向管理功能方向延伸，也没有对会计报表中有价值的数据进行挖掘与利用，由此导致会计从业人员缺少工作意识与管理意识，对于自身工作职能的理解也存在较大的局限性。还有一些企业对会计工作缺少足够的重视，导致会计信息化资金投入不足。在选择财务软件时，并没有基于对自身内部控制需求的了解与分析，一方面，导致财务软件中存在大量闲置功能；另一方面，存在数据生成规模不足、信息不完整等问题，这些问题都会对大数据分析效果造成不利影响。

（二）会计信息共享平台不完善

大数据时代背景下的会计信息化，需要一个完善的信息共享平台为其提供技术支撑，也就是所谓的"云会计"。但是从我国当前会计信息共享平台的构建情况来看，依然不够完善，其共享功能只是停留在一些局部范围，暂时无法实现大范围的推广应用。这一问题的存在，主要受制于我国的大数据分析、云计算技术还不够发达，与发达国

家相比还存在较大的差距；另外，在会计信息化发展的过程中缺乏一定的执行标准，导致各市场主体在进行信息共享的过程中缺乏法律保障机制，彼此之间缺乏足够的信任，从而减缓了会计信息化发展的整体速度。

（三）会计信息安全面临着威胁

在大数据时代，人们既享受着信息化技术的便捷性，又不得不面临信息安全问题。尤其对于会计信息来说，记载着企业经营发展和管理决策的诸多重要数据，其安全可靠性、真实完整性对于企业发展而言意义重大。但是从当前的会计信息安全管理成效来看，除了一些技术上的漏洞以外，还存在财务软件选择不佳、管理疏漏、管理人员缺乏信息安全意识等众多人为因素，导致存储会计信息的计算机系统遭受木马病毒入侵，引发信息外泄，更给不法分子盗取会计数据信息提供了可乘之机，对企业发展构成严重威胁。

（四）会计人员的职业素养有待提高

我国在会计信息化方面还处于起步阶段，一方面，高素质、高水平的会计人员数量严重不足，各大高等院校培养会计人才需要一定的周期，同时也存在教学经验相对匮乏的问题；另一方面，现有会计人员的专业化水平比较低，只能从事一些常规的会计工作，很多会计都无法胜任大数据背景下的会计信息处理工作，导致会计资信得不到高效合理的利用，还有可能因为计算机操作水平有限给会计信息带来安全方面的隐患。另外，现有会计人员在知识储备、实践经验以及职业道德等方面都有待提升，对大数据背景下会计行业的健康发展造成严重阻碍。

二、大数据时代会计问题的解决对策

（一）提高对会计信息化的认识

伴随着大数据时代的来临，信息化管理已经成为一种全新的理念与方法。尤其对于数据信息量庞大的会计工作而言，信息化管理更是为其提供了便捷、高效、优质的工作模式。当企业运行会计信息化管理模式以后，企业高层管理者便可以根据企业发展需要对财会工作提出更多、更高、更加细致的要求，尤其在企业发展决策中，会计信息更可以得到充分有效的利用，从根本上维护企业的健康发展。对此，企业高层管理者需要基于对会计信息化重要性与必要性的认识，将这一管理模式融入企业文化当中，在企业内部构建起一个有利于推广普及会计信息化的运行环境，帮助会计人员尽快更新传统工作理念，对现代化的财务软件进行合理利用，为大数据生成、会计数据分析与利用提供必要条件。在对会计职能进行准确定位的过程中，企业高层管理者要优先突破对传统会计职能作用认识上的局限性。从管理的角度出发，赋予会计工作更大的职责范围。会计人员不仅要及时、准确地呈报财务报表，还要参与到企业管理决策当中，为最终决策提供充足、可靠的参考数据，在这个过程当中逐步完成从核算会计到管理会计的过渡。此外，企业高层管理者还要加大对会计信息化的整体投入，不但要确保硬件设备的稳定运行，还应该结合企业内部控制要求对财务软件进行合理选择，充分体现财务会计在企业发展中的核心作用。

（二）尽快完善会计信息共享平台

信息共享是大数据时代的主要特点，同时，也是大数据生成的主要原因之一。首先，在大数据时代的会计信息化发展中，必须尽快建立起完善的会计信息共享平台，并且利用各种信息沟通渠道建立起一个完整的数据库，以此来提高数据分析的价值与准确率。在构建会计信息化共享平台的过程中，要优先从技术环节入手，借助国内外先进的研究经验与研发成果，加快对云技术的开发与利用，建立起完善的云会计功能。再结合我国会计行业发展现状以及本企业的实际需求，确定采用何种云会计信息共享方式。其次，不论企业领导还是会计人员，都要提高自身的风险意识，采取有效措施确保大数据信息的安全可靠性，使会计数据分析结果能够为企业发展做出积极的贡献。最后，推出一套极具可操作性的会计信息化规范和标准。会计信息化作为大数据时代的一个新兴产物，其平稳运行必须依托于一套健全完善的行业法律或者说行业规范，否则，就会给信息共享带来严重阻碍。因此，政府相关部门要尽快出台与云会计相配套的法律及规范，在法律的框架下确保会计信息化的健康发展。

（三）提高会计信息系统安全系数

在会计信息化不断向前发展的进程中，必须针对信息安全问题提出切实有效的防范措施与解决措施，为数据分析结果的准确性与有效提供必要的保障。在提高信息安全的过程当中做到要以下几点：首先，要对财务软件进行合理选择。目前市面上的财务管理软件种类繁多，五花八门，但质量却鱼目混珠，参差不齐。有些财务管理软件本身就存在比较多的安全漏洞，甚至存在木马病毒。因此，企业在选择财务软件时要对软件开发企业的经营资质进行严格审核，并且对软件质量进行严格把关。当选定某一款软件之后，要紧密结合企业内部管理需求设计软件功能，在提高软件安全系数的同时，提高各项功能的有效利用率，充分发挥出会计软件的技术优势。其次，在财务部门的日常工作中，要对财务信息系统制订出完善的维护计划，定期对硬件设备进行故障检修与维修保养，及时对软件系统进行数据更新。财务部门每一台计算机当中都要安装防火墙软件，对重要信息要进行加密处理，财务管理系统要设置登录密钥，最大限度地提高风险防范能力。最后，会计人员必须严格按照规范化的操作程序进行各项操作，避免因为某些人为因素造成信息外泄。

（四）提高会计人员的信息化素养

大数据时代的来临，使会计工作中融入了很多科学技术，实现了工作效率的大幅提升。但不论是会计信息平台、数据库、财务管理软件还是数据处理依然需要会计人员来完成各项操控，这无疑对会计人员的岗位技能、专业水能力、网络技术和大数据技术的应用水平提出了更高的要求。同时，在会计信息安全管理方面，对会计人员的信息安全意识、计算机操作水平以及职业道德也具有相当高的要求。对此，需要通过企业与会计人员个人的共同努力，方可实现其综合能力的整体提升。首先，企业要面向全体会计人员定期开展业务培训。在培训内容上，要涵盖会计专业知识、职业道德、先进理念、工作方法、行业动态等多个方面。其次，在企业内部，还要推行岗位问责制、绩效考核、奖惩机制、晋升机制等一系列激励措施，提高全体会计人员的自觉性与自我管理意识；此外，企业还要制定出一套要求较高的会计人员准入标准，从人才招聘环节把好人才质量关。企业可以与各大高等院校建立起合作关系，将优秀毕业生及时引进企业人才队伍当中，不断优化自身的人才结构。最后，会计人员自身要具备较强的进取精神，在日常工作中，注重自我能力的提升，结合自身工作中的薄弱环节加强自主学习，时常与其他同行交流工作经验，对本职工作进行创新研究，不断提升自身的能力，将自己打造成一名合格的会计人才。

在大数据时代，会计工作的职能定位需要从以往的核算功能向管理功能过渡。会计人员还需要参与到企业发展决策当中，凭借会计数据为最终决策提供参考依据。同时，企业还要加快推进会计信息共享时效，建立起功能全面的信息平台。会计从业人员更要不断提高自身的能力素质，学习与会计相关的先进技术。大数据时代对会计工作的影响是多方面的，其可以促进会计职能作用的大幅提升，为企业发展和社会进步提供强大动力。

第二节 大数据与会计流程再造

会计作为企业的一项管理活动，主要是对企业在生产、经营过程中产生的会计数据进行确认、计量、记录、报告与分析。随着多样、动态的大数据时代的来临，会计环境也受到相应影响：会计信息化的程度不断加深，会计数据量呈现出爆炸式增长的趋势，会计信息结构日益复杂，会计核算难度增大。那么，如何突破传统的会计流程模式，采用新模式应对大数据的新形势？本节通过立足于大数据的基本概念、特征，论述传统会计流程的缺陷，继而研究如何利用大数据技术推动会计流程再造，促进会计信息向规范化、科学化、标准化方向发展，最终提高会计信息质量，提升会计价值。

大数据是一个抽象的概念，至今尚无确切、统一的定义。维基百科中对大数据的定义为：大数据是指利用常用软件工具来获取、管理和处理数据所耗时间超过可容忍时间的数据集。研究机构 Gartner 给出了这样的定义：大数据是需要新处理模式才能具有更强的决策力、洞察发现力和流程优化能力的海量、高增长率和多样化的信息资产。但是，当前学术界对大数据的特征达成了一致认识，即大数据的 4v 特点：数据规模大（Volume），处理速度快且时效快（Velocity），数据种类多样化（Variety），价值密度低、商业价值高（Value）。

一、传统会计流程的概念及缺陷

会计流程是选择数据、处理数据、分析数据、整合数据的过程，具体讲，传统的会计流程是通过原始凭证收集数据，运用会计凭证、会计账簿对数据进行处理和存储，最终利用会计报表和财务报告输出会计信息。但是，大数据的来临使得传统会计流程在信息处理的过程中暴露出了其固有的缺陷：

数据摄取单一、片面。会计是通过对会计数据的确认、计量、报告与分析来帮助信息使用者决策，并向外部利益相关者提供会计信息的一种管理活动。会计数据主要分为三类：描述数量、金额的定量数据；形容质量、好坏的定性数据；非结构化、碎片化数据。从会计数据使用的角度看，局限于定量数据，而非结构化数据。例如，人力资源数据、客户评估、产品市场分析等因为难以用货币计量而一直被忽视，不能为信息使用者提供全部的相关信息，易导致信息不对称，影响了会计信息质量的重要性和相关性。

数据处理核算量大、成本高。传统上，由于受信息技术的约束，对会计信息的处理主要是高度汇总后，再通过会计人员手工核算，进而传递给会计信息使用者的。显然，在这个过程中，蕴含巨大价值的非结构化数据被人工自动"筛出"，导致有价值的会计信息没有被充分挖掘，高度汇总的信息不仅掩盖了大量的运营细节，而且耗费了大量的人力、物力、财力等资源，增加了会计成本。

数据输出时间滞后、格式固化。会计工作的特点是事后反映，传统的财务会计报告也是事后编制。一方面，年度财务报告由于受股利分配的限制，要在下一年度的第一季度后才能完成，中期的财务报告也要延时两个月才能"面世"，财务报告的延后报送且报送周期长的特点导致会计信息缺乏时效性，不能灵敏地反映市场经济的瞬息变化，不能为信息使用者实时决策和预测未来提供专业化的有效支持；另一方面，财务报表披露方式单一，一成不变的表格化数据表现形式和固定的资产项目不能满足千差万别的信息使用者的需求。

二、大数据推动会计流程再造

大数据以其数据挖掘分析方法在会计领域的应用和数据量等优势，将推动会计流程再造，丰富会计数据的来源和内容，把描述性数据和碎片化数据快速转变为会计数据，充分开发会计信息的价值，提高会计数据的时效性和重要性，继而为经济发展发挥更大的作用。

大数据提供更加综合的会计信息，提高会计信息质量。在大数据时代，会计信息的来源渠道更加广阔，信息维度更加立体。一方面，投资决策者对会计信息的需求不再局限于企业内部，企业外部和第三方的数据已然成为重要的参考依据；另一方面，除了传统会计流程中会计人员关注的信息外，非结构化数据中也蕴藏着高价值的会计信息。大数据为拓宽信息渠道和搜集碎片化信息提供了强有力的技术支持，通过非结构化数据与企业价值之间相关性的分析，能较为准确地找到它们之间的数量关系，发现特定的趋势和关系，进而转化为对决策者有用的会计信息，提升会计信息价值。

大数据挖掘技术搭建会计数据系统平台，提高数据处理速度。会计数据日益海量化，而日新月异的市场经济和快节奏生活对效率的要求越来越高，大数据挖掘技术顺应了时代趋势，引入处理能力特别强的计算机，及时、准确地对会计数据进行分析和处理，并通过系统平台实现数据共享和交换，避免了各部门对会计数据的重复分析，提高了数据处理效率，缩短了核算周期，提高了会计信息的时效性。

大数据压缩报送间隔，创新财务报告表现形式。互联网下的市场经济发展迅速，会计信息每时每刻都有新的变化，这对财务报告的报送效率要求越来越高。大数据借助发达的信息技术，能够实时反映市场变化并迅速处理数据，采用定期报送和实时报送并存的形式，压缩报送间隔，让财报由事后编制转为事前预测成为可能，为使用者做出正确的决策提供支持。另外，大数据在处理会计信息时，表现形式丰富多样，可自动生成折线、曲线等更为直观形象的图表，并能根据信息使用者的需求生成不同风格的报表，满足使用者的个性化要求。

大数据是经济发展的必然趋势，对会计的影响涉及数量、来源、数据结构、核算周期、财务报告报送周期等多方面。面对大数据给传统会计流程带来的挑战，我们要顺应时代潮流，积极应对，利用大数据的优势推动会计流程再造，促进大数据和会计信息融合，保证获得充分、高效、更有深度的会计信息，提高会计信息的质量、时效性和重要性，从而更好地为会计界服务。

第三节　大数据会计与财务信息

一、大数据会计的数据选择与结构分析

在计算机信息技术空前发展的当下,人力资源、金融资本及大数据被公认为未来信息化社会的三大核心生产要素。生产要素的改变必然改变人类生活的各个方面,财务行业也将受到必不可少的影响。传统财务行业的数据收集处理及分析模式将因大数据而发生积极改变,各种会计信息质量,比如可靠性、可比性、重要性等,都将会受到积极影响。会计从诞生的那一刻起就是为企业价值服务的,编制有效的会计信息的目的不仅仅是为了服务管理层、投资者和潜在的需求者,其最终的目的是为了在真实、准确反映企业有效信息的基础上服务于企业价值的提高。

从此角度来说,凡是能够提高企业价值的相关数据信息,都是广义的会计信息。大数据时代,传统会计不能融入的各种非结构化甚至碎片化的数据,需要被纳入大数据会计信息系统,以服务于企业的发展,用于提升企业价值。大数据时代,对企业具有价值的各种非系统、碎片式的数据如何有效收集处理纳入会计信息系统并创建新的会计数据信息系统,为企业的管理者或信息的预期使用者提供更有价值、更可靠准确的数据以便于其做出各种经济决策,将是未来会计数据信息系统建设的首要难题。

(一)思维转变将有效补充传统会计定性信息数据的不足

因果导向的思维模式作为传统的思维模式占据人类历史几千年,而在大数据时代此种思维或将面临改变。大数据时代,海量的数据尤其非结构化、非系统性、碎片式数据占据主导,从而使得因果性思维陷入英雄无用武之地。大数据的"大量、多样、高速、价值"4V 特征给人们传递了新的信息,也带来了新的思维模式。该思维涵盖了"平等、动态、多样、关联、开放"等特征,蕴含了集合优于单一、整体优于局部、相关优于因果等思想。正是这种新思维新特征,使人们传统的因果性思维,逐渐转变成大数据时代的整体性、相关性思维。

大数据时代单一的各种碎片式或非结构化的信息数据并不能真实准确地反映企业的完整经营过程,但是整合大量相关的碎片式数据将能够有效反映相关的企业价值所在。传统会计实务当中以货币作为主要计量单位的定量描述原因有二:其一,货币计量不能用来反映定性描述的数据信息;其二,定性描述的数据信息大多利用相关关系衍推而来,结果随机性较大且不如因果导向所得结果准确。深入考虑,传统会计选择定量的数据用来核算反映企业相关信息主要是其时代局限性所决定的。大数据时代,碎片式或非结构化的会计数据不再受以前因果分析的局限,可以利用整体或较大样本

的数据进行相关性分析，所得结果准确性往往较传统的因果性分析更为准确、恰当。综合来说，传统会计数据信息仅涵盖货币计量的定量描述性的数据远远不足，大数据时代各种定性描述的碎片式或非结构化的数据将有效补充传统会计数据的不足。

（二）碎片式或非结构化的数据组成传统会计数据部分的逻辑分析

碎片式或者非结构化的数据主要指不能或不方便用传统二维数据库来计量的数据，比如视频信息、图片信息等。大数据时代，各种碎片式或非结构化的数据虽有效补充了传统会计数据的不足，但只有特定特征的碎片式或非结构化的数据才可以纳入传统会计数据体系，并不意味着所有此类数据均需纳入。

首先，只有具备一定价值和数据密度的特殊碎片式或非结构化数据才可以纳入传统会计数据体系。此类数据在大数据分析时将会有效降低各种噪音与干扰。此类数据需要与真实事件具有高度相关性，真实准确地反映事件或事件影射现象，只有这样的数据纳入才能有效地提高会计信息的质量。其次，此类数据还需要具备中立性。所谓中立性，指碎片式或非结构化的数据需要客观不带主观性地去反映各种真实事件或其影射现象，只有客观中立的碎片式或非结构化数据纳入才能防止人为主观带来的错误。因此，纳入传统会计数据体系的碎片式或非结构化的数据需要具备中立客观且具有价值。

会计信息自始至终为企业管理而服务，故会计数据可以说依附在企业管理之下，那么如何选择会计数据将与企业的本质密不可分。

针对企业本质主流观点如下：

（1）制度经济学家科斯认为企业的本质是一种资源配置方式的产物，是价格机制的替代者；

（2）契约论者认为企业是代理人与各种要素投入者签订契约而成立的某种契约组织；

（3）某些学者认为企业存在的本质是创造并追求利润最大化。

对比三种主流企业本质的相关流派，发现它们并不冲突反而相互补充，笔者偏向于三种观点的融会贯通。可以说企业本质是契约代理人与要素投资人的组合，是企业成立的前提，企业是市场资源配置的均衡产物，而企业最终的目的是为投资人创造价值并与其分享，即企业本质是创造价值并分享、资源配置及契约关系三位一体的综合体。企业本质的资源配置及契约关系可以通过会计核算经营过程中的数据信息来描述，而创造价值与分析则可以通过记录契约关系资源配置的具体信息来衡量。可见，会计数据信息必须能够衡量企业价值，这也是会计对象的基本范畴（会计对象是企业的资金运动或价值运动）。由此，碎片式的也好，非结构化的也罢，纳入传统会计数据体系的首要条件是与企业价值相关。

（三）大数据时代会计数据体系结构分析

通过前文的阐述可以知晓，独立客观的且与企业价值相关的碎片式或非结构化的数据需被纳入会计数据体系。那么，传统的会计数据与新纳入的碎片式、非结构化数据之间的关系如何，两类数据如何在会计数据体系里定位？

会计数据从真实可靠角度来说，由直接及间接两类数据构成。传统的会计数据基本由直接的结构化数据组成，而现代纳入的碎片式或非结构化的数据则可归类于间接的会计数据。第一，相对于新纳入的碎片式或非结构化的间接数据，传统会计直接数据能够最为真实可靠地反映经济业务（交易或事项）的本质。这是因为传统结构化的数据在确认、计量、报告的过程中都严格按照会计准则等法律法规规定的流程进行操作，比如相关单据的稽核、复核、审核、签字确认等，这些都有效地提高了数据的可靠性，直接揭露了真实可靠的交易或事项。第二，相对于传统会计的直接结构化数据，新纳入的碎片式或非结构化的间接数据由于其与企业价值高度相关且独立客观，大大提高了现代会计数据体系全面准确反映经济业务本质的可靠性，也进一步提高了会计信息质量。无论什么时代，会计数据体系都必须可靠真实，大数据时代会计数据体系也不例外。换句话说，大数据时代的会计数据体系将以传统结构化（货币作为主要计量单位定量描述的）数据为主，而独立客观且与企业价值相关的碎片式或非结构化的数据成为有效补充。两类数据体系的融合，不仅确保了会计信息质量而且提高了会计信息与企业价值的高度相关性。

传统直接的会计数据收集处理过程涵盖于企业生产经营过程中可能涉及的每个环节或每个部门，数据收集处理相关的成本已经计入职工薪酬，成本无须企业再额外支出。但是，大数据时代纳入的碎片式或非结构化的数据收集、处理成本不仅需要额外支出且相对高昂。当下，大部分国内企业的信息化程度并不高，搭建大数据平台并成功运营的更少之又少。大多数企业若想把各种碎片式或非结构化的数据纳入新的会计数据体系，几乎都需借助外界平台或专业人士来收集与处理，大大增加了企业的成本。考虑将碎片式的、非结构化的数据纳入现代会计数据体系需要较大的成本，则其推进进程或时间周期将大大延长，这也就意味着大数据会计数据体系仍旧在很长一段时间以货币定量描述的直接会计数据占主导。

二、大数据对会计与财务信息相关性的影响

（一）大数据下会计与财务信息结构分析

计算机信息技术的快速发展和广泛应用改变着传统产业的运行模式，生产要素出现的变化，必然会对会计与财务工作造成一定的影响。会计与财务工作作为企业核心的业务，从财会活动出现的那一刻起，它的作用就变成为企业的发展提供服务。针对

企业各类经济活动汇总和编制的财会信息,其目标不仅是满足企业管理的需求,还是更加客观和真实地反映企业一段时间内的经济运行状况,借助有效的财会信息服务企业本身价值的可持续提升。对于财会工作和会计和财务信息存在的这一层面的价值,来构建大数据集成平台,会使信息处理方式发生积极性的转变,财会信息的完整度、真实性、可靠性也会得到相应的提升。这类对于企业有着现实价值的信息内容,在大数据的环境中,会使部分在传统工作模式下不能被融合的各类碎片化信息,都能够被纳入大数据库中,进入现代会计统计系统。如此,不但能促进财会信息的管理和统计,进一步优化财会工作运行效率,还能挖掘信息深层次的功能,利用可靠性强的内容,来完成企业发展预测,为企业决策提供参考。这种财会职能的转变,会使会计与财务信息结构更加完善,信息之间的相关性有所提升,以更好地应用在提升企业价值层面,促进企业内涵式的建设。

(二) 大数据对财会信息相关性的影响

大数据时代的到来,使会计准则和会计环境发生重大变化。特别是网络技术和数据共享信息平台的构建,不仅改变着财会工作使用的技术内容、核算方式、管理手段,还影响着财会信息的质量,海量数据的储存和传递,更有效地提高了财会信息的相关度。具体表现为以下几个方面:一是增加财会工作的预测功能,在新的发展环境中,企业对于财会工作依赖性的增加,对财会信息的预测功能有着更高的要求。而大数据技术在具体运用中表现出显著的优势,就是数据的预测。这种技术有着智能化的特征,可借助数学的运算技巧,完成对财会信息的整理和分析,并预测企业发展的方向,以及可能遇到的风险。企业决策可从预测结果中提取有效的信息内容,并应用到商业化的活动中,完成对企业经济活动的提前洞察。二是强化会计信息披露的实时性。相关学者认为会计信息在应用中凸显出的各类特征,对于企业的发展而言,最具有价值的就是信息的相关性。在整体的体系中,信息相关性对其他信息特征有着抑制的作用。特别是在日益激烈的市场竞争中,企业依靠财会信息来完成决策,并有效地规避和把控经营风险。因此,企业要想保持发展的稳定性,占领市场中的重要位置,就需要提升获取信息和有效整合信息的能力。大数据的产生有效地解决了企业获取信息的问题,企业快速地获取市场信息,并通过数据的分析快速地提取为企业决策服务的内容,有效避免信息获取和传递的滞后性,并极大程度地增加会计信息的相关性。

三、大数据会计与财务信息相关性提升的有效对策探究

(一) 基于财务报告披露内容与形式,进一步提升信息完整性与个性化

自19世纪末期以来,国外会计职业界受到来自各方面信息使用者的强烈批评,普遍认为企业报告没有为信息使用者提供具有价值的财务信息,也没有面向未来,更没

有以发展性的眼光整合财务信息，造成财务信息存在漏洞，故而逐渐失去相关性。由此可以看出，财务信息的完整性关乎财务会计信息的相关性水平。在大数据时代背景下，非财务信息的价值逐渐增大，可通过利用会计分析帮助财务信息到需求者获得企业信息，为其做出正确决策提供有效保障。但由于现有的会计分析体系普遍仅注重运用财务信息展开分析，而忽略对非财务信息的分析与研究，导致会计分析结果不够全面，难以满足财务信息需求者的现实要求。而伴随着大数据时代的到来，大数据信息处理技术在财会领域的广泛运用，不仅促使会计分析不再是静态、个态与封闭的内部分析，而是一个动态且开放的整合分析，注重对财务信息与非财务信息的整合运用，更有助于满足信息获取者的要求。这一发展形势的转变，不仅可促使财务信息生成"个性化财务报告"，有效提升信息完整性与个性化水准，还可通过运用大数据挖掘技术与计算机技术等手段，为财务报告的生成提供诸多便利。另外，为提升大数据会计与财务信息相关性，还需要基于财务报告披露内容与形式，针对操作衍生金融工具的企业进行单独的披露与核算。依据财务信息使用者对信息披露的需求，对财务报表中的物价变动、投资者决策等相关财务信息进行披露，以打破传统财务报告模式中存在的局限性。除此之外，为满足不同相关信息的需求，可通过财务报告充分反映出财务数据对不同利益相关者潜在的价值，使投资者及时了解更多符合其需求的相关财务信息，以提升大数据会计与财务信息获取精准度。

（二）基于大数据会计搭建平台与相关标准，实现相关财务信息标准化

在大数据时代发展背景下，大多数企业以往为会计工作搭建的财务信息系统平台逐渐成落后趋势，其系统内所涵盖的内部财务资源、组织协同发展相关信息、应用功能等都无法满足大数据会计与财务信息相关性需求，终将失去其应用价值。因此，为提高大数据会计与财务信息相关性，必须要紧跟大数据时代发展趋势，引进先进信息技术与应用软件，积极开发构建一个先进、信息化的财务信息资源共享平台。该平台主要涵盖企业和产业链上下游的供应商及客户，将企业各种相关合作伙伴，包括政府机构、个人资本与商业机构等信息上传至该平台，扩充会计信息资源体系，为一系列会计与财务工作开展提供数据支持。其次，大数据会计与财务信息平台的搭建，应由当地政府部门牵头，逐渐涵盖中央政府、地方政府及企业等三层级的信息系统平台，设置相关标准，明确该平台应用标准、发展标准、信息整合标准等，实现相关财务信息标准化。另外，在建立信息共享平台过程中，还需要配备与之相匹配的各种标准制度，包括信息收集、收入、储存及输出等，可由平台最高层次的中央政府统一制定，由地方政府与企业共同执行，以此来打造一个标准化、规范化的信息共享平台。

（三）基于大数据技术丰富财务信息输出形式，为实时财务信息提供技术支持

与以往传统的会计与财务信息处理方式不同，大数据技术下的会计与财务信息，通常是以数据资源的方式，通过计算机系统平台，采取分布式手段进行处理、整合与储存。将用户提交的一个任务，拆解成若干个子任务，子任务采用相同流程处理不同数据，在将多个计算结果进行汇总，提炼后将最终结果反馈给用户。这种信息处理方式更加高效、便捷，有效减轻了财务人员的工作压力和负担。同时，分布式处理方式减少了传统财务工作模式的等待时间，大幅度提高数据执行效率，有效地降低成本与因硬件故障而发生风险的可能性。然后，大数据会计与财务信息的储存，可采用结构化方式，将相关性会计与财务信息储存至关系型数据库中，非相关性数据储存在非关系型数据库中。再通过分别建立数据库与方法库，便于工作人员采用与之相对应的会计确认标准和财务信息使用准则计算结果。另外，还可通过利用大数据技术，实现交互性网络财务报告、动静结合信息载体、多样化信息输出方式等，以文字、图形、视频、声音等形式，为信息使用者提供直观且丰富的财务信息分析手段，有效解决传统表格化分析模式存在的缺陷。

总而言之，大数据时代的到来，为财务会计工作带来技术和理念上的支撑，同时，也对财会信息的应用提出更高的要求。一方面，大数据技术进一步优化信息相关性，为财会工作注入新的活力；另一方面，大数据技术为财会工作营造更好的条件，财务人员可以更加高效科学地完成财务信息的收集和整理。同时，也在信息整合和使用上，对企业财会工作的能力提出挑战。怎样在海量数据中提取有效信息，弱化信息不对称对企业对策带来的负面影响，成为新的发展阶段企业会计财务工作需要思考的问题。

第四节　大数据时代管理会计发展

大数据时代下，信息数据借助互联网、计算机以及相关技术手段，进行更为快速高效的传递、分享和处理，在这种情况下获取信息以及处理信息的成本于一定程度上降低。对于管理会计来说，其主要对企业运营发展中产生的相关数据信息进行分析处理，并将得出的结果作为企业财务决策等工作开展的主要依据和重要支撑。基于大数据时代发展背景，管理会计工作在受到积极影响的同时也面临着相关挑战，同时，整体发展趋势也有了相应的变化。所以，为了更好地推动管理会计工作的开展，实现企业高效长远的发展目标，需要正确认知管理会计工作的地位与重要性，全面了解大数据时代对其产生的影响，分析其发展趋势，并结合其实际情况和企业发展需求制定相应的对策，以更好地突出管理会计的功能价值。

一、大数据时代概述及管理会计的重要性分析

（一）大数据时代

大数据时代主要指每一个行业及业务职能领域都存在海量数据，这些数据的体量、速度、复杂性和价值性等相关方面都与传统的数据形态存在较大的差异，主要利用信息技术手段对这些数据进行采集、分析及处理。大数据时代的形成主要与企业、个人的活动有关，在活动过程中所产生的信息会对信息技术及智能设备进行采集存储，形成相应的数据，之后进行相关处理和分析过程。

大数据时代所具有的表现特征主要有以下几点：

①大体量。数据在生产、传递、分享等过程中涉及各个行业领域及个人，所以整体来说其体量庞大。

②多样性。大数据时代数据信息的类型多种多样，可以不同的形式存在，如图片、视频、文字等。

③价值密度低。由于数据信息量较多，在分析处理过程中需要借助信息技术手段进行，而在此过程中想要提取较为有价值的数据信息相对困难。

④速度快。借助互联网，数据信息更新速度相对较快，具备较强的时效性特点，需要及时对获取的数据信息进行处理、反馈和应用。

（二）管理会计应用的重要性

在企业运营发展阶段应用管理会计，主要具有以下几点重要作用：

①满足时代发展需求。大数据时代下，云计算、大数据、区块链等技术手段得到发展与应用，企业财务工作模式也得到了相应的改进，财务共享中心、智能设备等已经逐步应用到各个企业财务管理中，使得财务工作过程、内容得到优化，变得更具自动化和智能化。这种情况下想要更好地开展财务工作，必然需要转型升级为管理会计，才能更好地应用新时代发展。

②为企业决策发展提供支撑。在运营发展过程中管理人员需要实时对企业的实际情况、经营现状等方面进行了解，获得企业运营发展中产生的各项数据信息，以及对企业的未来发展趋势、可能存在的风险隐患进行预测分析，制定相应的对策和解决方法，才能实现企业的长远和稳定发展。而管理会计的应用，能够有效参与到企业价值链管理中，借助全面预算管理模式，对企业运营发展中产生的各项数据信息进行有效采集和分析，实时掌握企业的经营情况，及时调整预算，采取相应的控制方法，有利于为企业管理人员的决策提供推力和有效依据。

③提高企业核心竞争力。在新时代发展背景下，市场环境变化较快，且随产品快速更新、业务快速拓展等因素的影响，导致企业之间竞争越发激烈。针对此类情况，企业只有不断加强内部控制，提高核心竞争力，才能在市场中占据稳定地位。对于企

业来说，其产生占市场的份额、客户盈利率、长期业绩等方面是决定企业自身价值的重要条件。应用管理会计，能够为企业管理人员实时提供各项数据信息，且帮助管理人员分析市场环境变化和发展趋势，为企业的长远发展制定相应的战略和对策，以帮助企业提高核心竞争力，有效应对竞争激烈的市场环境。

二、大数据时代对企业管理会计产生的积极影响

在大数据时代下，管理会计所受到的积极影响主要包括以下两点：

①数据计算。遗传算法、统计分析法等相关技术方法都依托于大数据技术。管理会计人员使用该技术能够高效地对数据信息进行采集、分析和处理，在海量数据中提取出更有价值的信息。同时也能够利用该技术，借助关联分析、异常检测等手段，对财务数据进行了解分析，以及预测其发展趋势。

②绩效考核。大数据技术的应用能够对个人活动所产生的各项信息进行收集分析。这种情况下企业管理人员能够利用大数据，对管理会计人员的工作情况进行了解分析，以提高绩效考核的准确性与真实性。同时还可以利用大数据分析管理会计人员的多样化需求，以人员需求为基础条件，制定激励制度，以进一步增强人员工作积极性。

三、大数据时代背景下企业管理会计面临的挑战

（一）缺少能力较强的管理会计人员

以往管理会计人员在工作开展过程中只需要掌握基础的会计知识和计算方法，而在大数据时代背景下，数据信息量大幅度增多，数据信息采集分析难度提高，且多类信息技术手段得到应用。这种情况下管理会计人员不仅需要掌握基础的知识技能，还需要能够熟练运用信息技术，以及了解新型的管理会计知识。但目前很多管理会计人员能力较低，难以满足大数据时代管理会计工作的开展需求。

（二）会计信息数据安全性较低

大数据技术等信息技术的应用于一定程度上提高了管理会计工作效率，但互联网存在较强的虚拟性和风险性，在技术及系统使用过程中很容易出现漏洞，或被黑客侵入，导致会计信息数据丢失、泄漏等。现阶段提高会计信息数据安全性是企业管理会计工作开展中需重点关注的问题。

（三）信息分析技术适用性不足

管理会计信息职能范围在大数据技术的支持下得到了相应的扩大，使管理会计工作整体开展更具科学性和全面性。但大数据时代下，数据信息量剧增，想要有效分析和提炼出有价值的数据信息，对管理会计工作来说相对困难。在分析结构化数据时，

管理会计人员可利用大数据等信息手段进行分析处理，在分析非结构化数据时，应用该技术会进一步增多会计信息量，给管理会计人员的工作带来更多困难。在现阶段及未来发展中，还需要企业能够对人员的能力培养、信息管理系统建设等方面加强重视，以有效改善和解决此类问题，提高技术适用性。

四、大数据时代下企业管理会计的发展趋势

（一）服务职能改变

受大数据时代以及企业新时期发展需求影响，企业内部会计从以往微观为主的发展方式，改为微观与宏观有机结合的发展方式。同时，管理会计的服务职能也产生了相应的改变，转变为管理职能。在以往的会计理念中，虽然管理会计涉及的工作内容较多，具有较强的多元化等特点，但其职能基本为服务。而现阶段，管理会计的服务职能可与企业管理目标保持一致，借助信息技术及智能设备，可进一步提高企业管理人员对企业各运营环节的管理控制能力，实时把握市场环境变化及发展趋势，有利于全面了解和分析竞争对手及相关企业的发展情况等相关资源信息。这种情况下管理会计的服务职能转变，能够更好地为企业的决策与发展提供对策和帮助，实现由服务向管理的有效转变。

（二）职能作用拓展

管理会计工作开展效果可直接影响企业运营过程中相关数据信息的获取价值，但以往的管理会计工作内容及工作模式难以有效收集全面多样的数据信息，无法满足企业发展战略。针对现阶段发展来说，全面有效的数据信息能够为企业决策提供有力支持，而为确保数据信息的全面性、完整性与真实性，必然需要借助大数据等技术手段。以往管理会计工作在开展过程中会将更多的重心放在事后分析方面，无法实现事中控制，而利用大数据能够借助信息技术手段，将管理会计与企业发展阶段有机结合，促进管理会计对企业发展进行事中控制，确定企业关键目标，并对偏离的目标进行调整纠正，以及制定相应的解决方法。这样不仅能够为企业管理人员提供更多有价值的数据信息，还能进一步提高企业的经济效益。

（三）数据处理难度增加

大数据时代背景下数据信息量大幅度增加，且更新速度较快，整体具有较强的复杂性。管理会计在工作过程中想要有效处理分析数据信息，必然需要借助信息技术及相关设备软件。若沿用传统的信息处理方法则难以满足企业现阶段的发展需求。另外，在大数据时代背景下，在未来发展过程中分布式数据库、大数据处理技术等相关技术会得到更广范围的应用，能够为管理会计隐性关联数据的集成及处理提供基础保障。

所以管理会计在现阶段及未来发展中，需要面对更为复杂多变的数据信息，只有加强技术的处理能力才能更好地应对海量数据信息。

五、大数据时代下企业管理会计高效发展的有效对策

（一）加强重视，形成正确的大数据意识

大数据技术能够为管理会计工作的有效开展提供更有力的基础条件，为管理会计提高应用价值提供有效推力。在管理会计工作中合理应用大数据，可促进会计工作人员对更多的数据进行分析、解读、处理等，以增多管理会计的工作范围及内容。首先，应根据企业运营特点、发展需求和运营实际情况，对现有的管理会计理论体系进行完善更新，打好理论基础，做好基础准备；其次，企业管理人员应充分意识到大数据技术对管理会计工作开展的重要性，以及管理会计工作开展对企业发展的重要性，更新管理观念，将管理会计有效落实到企业各项工作项目开展中。同时，加强对管理会计的资金投入力度，包括财力、物力及人力。根据管理会计工作开展情况，制定相应的管理目标，结合企业发展需求制定对应的工作方法，提高管理会计工作的连续性与实效性。另外，为了强化大数据技术在管理会计中的应用效果，企业管理人员应做好宣传教育工作，让企业所有员工对大数据技术有正确的认知和较为全面的了解，具备较强的大数据应用意识，这样才能在日常生活中有意识地使用大数据开展相关数据信息的采集、处理等工作内容。

（二）加大培训力度，提升管理会计人员综合能力

管理会计工作在大数据时代影响下，其涉及的内容、流程变得更为复杂多样，整体工作难度有所上升，这种情况下想要更好地开展工作，发挥管理会计的应用价值，必然需要管理会计人员具备较强的综合能力，有效应对各项工作内容、熟练准确地操作信息技术。所以针对这种情况，企业管理人员需要根据管理会计人员的情况及管理会计工作内容制订相应的培训计划，规划好培训内容及方向。

①基础理论知识。主要关于财务管理知识、会计学知识以及与管理会计工作相关的知识。

②管理会计工作方法。针对企业实际情况，结合管理会计工作内容，制定适用于企业发展的管理会计工作方法，通过培训帮助管理会计人员掌握应用。

③信息技术。计算机、打印机等基础设备的操作方法，大数据技术、云计算技术等技术手段的使用方法、相关系统平台的使用方法。同时还需要学会基础的软件系统维护方式，以保护信息数据的安全。

④大数据分析能力。应专门针对大数据技术展开相应的培训内容，促进管理会计人员能够形成较强的大数据分析能力，有效应对海量数据信息，准确提取有价值的数据信息并合理运用。

另外，在企业发展过程中，也应加强人才引进力度，通过公开招聘、定向招聘等方式引进更多优秀的管理会计人才。而在现阶段工作开展中，企业也应为管理会计工作人员提供更多可发展的机会，如组织人员进行研修活动、邀请专家开展讲座或现场指导等。

（三）加强信息化建设，提高管理会计信息化水平

企业应以云计算技术为基础，搭建信息管理平台，借助大数据技术等技术手段对海量数据信息进行采集、分析处理、应用及存储。将有价值的数据信息反馈给企业管理人员，以帮助管理人员更好地进行企业决策。在搭建信息管理平台，构建数据信息系统过程中，需要根据管理会计工作需求等条件对系统建设内容进行规划设计。通常情况下，为满足管理会计工作需要，为企业发展提供推力，信息系统应涉及会计核算、全面预算、信息开发应用、风险管理、数据库服务等多个板块。

（四）会计信息安全性加强，制定信息安全保障机制

政府及相关部门应针对管理会计大数据应用制定相应的法律法规，对危害会计信息安全或违规操作等行为进行严格惩治，确保大数据时代下，管理会计工作中信息的安全性。企业在使用相关软件、系统及设备时，应根据企业管理会计自身情况进行合理选择，并重点关注商家的信誉度和产品质量，以确保系统软件及设备使用安全。同时，管理会计工作过程中会涉及不同类型的数据信息，企业需要根据数据信息的类型及工作需求建立信息安全保障机制。

①确保所使用的信息系统具有数据隔离功能，以保证信息数据不会在存储阶段出现非法访问情况。

②根据工作人员的岗位及工作内容设置不同的访问权限，借助身份证识别、安全密钥等方式进行加密，防止数据信息被随意篡改、删除或泄露。

③对客户端软件来说，保密性较强的数据信息需要进行加密，对可进行共享的数据信息可公开权限，支持其他用户访问。

④设置防火墙，安装杀毒软件，定期安排技术人员对系统进行维护升级，以确保系统运行安全。

综上所述，大数据时代背景下，管理会计工作得到了更好的发展机会，同时，也面临着相关挑战。而管理会计工作的开展效果对企业整体运营发展水平有较大的影响，在现阶段及未来发展中，还需要企业管理人员能够加大对管理会计的重视，增强员工大数据应用意识，借助完善的法律法规、合理的信息管理系统等条件优化管理会计工作，并制定信息安全保护措施，提高会计信息的安全性，以更好地发挥管理会计的作用。

第五节 大数据时代的会计审计发展

会计审计工作在会计工作体系当中的重要意义不容忽视，通过审计工作，能够为财会管理指出方向，提供更可靠的依据，为此必须重视审计工作的落实。而审计工作难免会涉及大量会计数据，随着信息技术的普及，信息量必然越来越大，因此，必须借助大数据技术，整合会计信息，才能够保证审计结果的参考价值。本节将基于大数据时代思考审计工作发展趋势，以期为相关工作提供参考。

一、会计审计发展现状

会计审计是最为基础的经济管理活动，会计审计工作的内容复杂烦琐，包括企事业单位内部财务信息的收集以及会计概况反馈等，其业务范围跨越了多个层级。从开始发展至今，其重要作用不容忽视，对于社会经济发展有着很大影响，有着推动经济管理体系不断完善的重要作用，维护着各个领域企事业单位以及基层员工的利益。但是根据当前的发展概况来看，随着社会发展节奏越来越快，会计审计工作存在的问题也逐渐暴露出来。例如，会计信息与审计所得出的信息无法对称以及不科学的判断等。在以往的会计审计工作过程中，对于会计相关信息的收集往往十分困难，因为琐碎的信息过多，所以必然会影响审计的整体效率，影响审计结果的精准性。在新的时代背景下，会计审计工作已经无法再依靠单纯的人工手段去完成，因为所涉及的信息越来越多，只有利用大数据技术整合信息，做好信息分析，才能够更快给出审计意见。为了适应大数据时代的会计工作发展需求，必须进一步分析会计审计的特点、本质以及未来的发展趋势，这样才能推动会计审计工作的体系改革。

二、大数据的特点

（一）增长性特点

根据互联网信息的相关调查研究结果来看，全球的数据存储量，早在2011年已达到1.8ZB，在2015年时，数据的整体存储量更是累积到了8.61ZB。专家通过研究发现在未来十年，网络数据量依然会呈现出持续增长的趋势，增长至十倍以上。可见大数据是一个动态的概念，数据呈现出持续变化的趋势，并不是静态的。

（二）大数据的准确性

在当今的时代背景下，经济发展越来越快，社会发展的形势越发多变，大数据技术的精准性优势也越发体现出来。大数据技术在当今的网络化趋势下，已经成为重要的核心技术，在社会发展过程中扮演着重要角色，也得到了社会的广泛关注，精准性正是其受到认可的主要原因之一。

（三）大数据的多样性

从17世纪到18世纪，数据存在的形式以文字印刷为主，依托纸媒进行记录与传播，而随着信息技术的普及，数据的记录、存储与传播形式也逐渐倾向无纸化。数据存在形式的不同，使大数据技术的诸多优势得到了体现。在2013年，大数据平台的信息存储量在传统媒体信息当中占比依然不到30%。但是随着大数据技术的普及，大数据平台的数据量必然越来越大，这也使数据呈现出多样化的特征。

数据的定义，主要是指利用数字、文字等要素对客观事物变动的描述进行记录，进而形成的信息集合。而大数据则是数据的集合，与数据这一概念有着本质区别。大数据概念是在数据这一概念基础上延伸所得出的，包括对数据的收集、整合、存储、传输，都在大数据的概念范畴内。而大数据时代则是大数据概念主导的时代背景，为了体现大数据技术的优势，对于海量数据更加高效地进行收集、整理与处理，必须要掌握大数据时代的本质。当前的时代背景下，社会各个领域所产生的数据量迅速增加，这是不可忽视的局面，不同于以往的社会。在当今时代，采取人为手段去管理数据已经无法满足数据管理的实际需求，因为当今时代下数据增长的频率远高于过去。在这样的时代发展背景下，大数据技术的应用是必然需求，为此我们有必要根据时代本质去思考大数据技术的应用，保证数据管理的效率与质量。

三、大数据时代会计审计的发展趋势分析

（一）预测性的发展方向

风险防范是会计审计工作的核心目标。之所以开展审计工作，是因为通过综合考核去给财会部门提出相应的管理意见，可以保证财会部门财政管理工作的有序推进。只有通过严格的审计，才能够尽可能规避风险，保证财务安全。会计审计是具有管理性质与指挥性质的工作，即要预测财务风险，就必须要做好会计审计工作，得出防范财会管理风险的实际意见，才能够保证后续的财会管理工作有依据，规避财会管理的风险。而在大数据技术的支持下，会计审计人员能够更加高效地整合财会信息，并且通过大量信息去明确管理方向，要充分利用这些数据去对未来的财务发展方向进行预测，并且找到业绩优化的重点，保证财会事务的顺利开展。利用大数据技术开展财会预测的措施主要包括以下几个方面：其一，企事业单位内部的会计审计人员应当利用大量数据建立起完整的数据库，这样才能做好预测，为了对财务数据进行科学、合理的评估，要整合企事业单位生产经营活动过程当中所产生的所有资产信息，通过信息

分析去掌握企事业单位在不同时期经营活动中财会信息的变动规律，才能为后续的财务审计提供依据；其二，因大数据技术的不断更新，企事业单位要做好财会审计与管理，必须保证信息的实时更新，这样才能确保决策结果的可靠性；其三，财会部门内部人员对于财务预算报表进行编制，以此为基础去建立风险预警机制，为决策者提供更多用于决策指挥的信息，这样才能达成规避风险的目标。

（二）综合财务管理方向

单一的财务管理模式下，财务人员主要针对企事业单位的财务变动情况进行掌握与控制。但是在社会发展的新趋势下，随着经济的发展不断加快，企事业单位财务的管理模式也在不断变化，管理理念也在不断革新，这是必然趋势。只有不再局限于单一方向，逐渐延伸业务范围，从最基本的资金信息整理与计算，拓展到相关的各个方面，包括发展规划、生产管理、策略制定等，实际上这些环节都需要以财务信息为支撑，这样才能达成管理目标。而在大数据技术的支持下，企事业单位的内外部数据信息都能进一步挖掘、收集与存储，构成更加完善的数据体系，会计与审计人员通过大数据技术的应用，能获取更多相关的信息，而非单纯依靠财务信息进行管理决策，也不仅限于对财务方面的决策，而是渗透其他环节工作当中，建立更加密切的业务关联。

（三）实时财务报告方向

财务报告是财务信息的整合，对于企事业单位来说是至关重要的信息。在以往的运营过程中，企事业单位为了做好财务报告的编制，在很长一段时间之内都要不断收集信息，而因财务报告的完成需要耗费很长时间去收集信息，所以其编制过程往往需要提早到三四个月之前，这是会计工作效率受到影响的主要原因之一。特别是随着财会体系越发复杂，会计人员采取事后编制这种财务报告编制的手段，往往会体现出信息的滞后性，无法保证信息的可靠性。在这样的趋势下，越来越多的会计审计人员开始对实时财务报告提起重视，而要获取实时的财务报告，就必须借助大数据技术达成目标。实时财务报告是利用信息技术结合大数据技术，针对企事业单位财务信息进行实时收集与分析之后形成的数据报告，特别是对于银行、保险等行业来说，财务风险的防范更为重要，财务报告关系到财务风险的控制，更关系到企业的利益，有更大的影响。在大数据时代背景下，借助大数据技术，能够创建起实时的财务报告系统，为了体现实时性优势，应当掌握以下几个要点：其一，要对企事业单位局域网（内网）做好管控，要建立起包含大量单位内部会计信息的中心数据库，这一数据库的建立，最主要的目标是要保证企事业单位的生产经营活动的过程中数据的及时更新，包括录入与删除、改动都要确保及时；其二，要事先搭建好能够生成实时财务报表系统，因为人为录入信息必然会出现一定的信息遗漏或是错误等问题，所以应当借助信息化的系统，保证数据收集与管理的高效、精准完成，保证共享数据的及时更新；其三，会计审计人员以及相关的技术人员都必须做好对数据库当中数据信息的有效处理，并且要及时传输，以保证财务报表的实时生成，供管理者做好分析与整理，为管理提供依据。

（四）总体审计模式方向

总体审计模式的产生与大数据技术密切相关，随着大数据技术的不断普及，企事业单位在这样的环境下也能够整合更多方面的信息，用于达成审计与管理目标，这也使许多审计人员的工作思想及工作方式产生了巨大变化。在以往的工作模式下，相关人员依靠传统的技术手段，很难迅速整合大量的数据信息，所以一般的审计模式主要依靠审计样本去完成，即信息量小，参考价值也并不能与大量的数据相比，为了尽快完成审计，只有定期根据样本去进行分析，才能够得出相对来说具有一定参考价值的结果。也正是因为抽样数据稀少，审计工作体现出了一定局限性，所以许多业务活动往往会被忽视，并不包含在审计内容当中，甚至很难对一些风险进行预测。在大数据时代背景下，为了做好审计工作，则要广泛收集财务活动的各方面相关数据，对于多类数据进行整理与分析，而无须进行采样。审计人员借助大数据系统能够整合更多各项业务相关的数据，用于分析，进而得出审计结果，达成审计目标。可见在大数据技术的支持之下，局限性的审计模式必然会向着总体审计模式发展。

大数据时代下，大数据理念与技术对各个行业的发展都产生了重要影响，推动着各行各业的发展。会计审计工作更要以大数据技术为依据，进而提升审计的效率与质量，达成审计目标。

第六章 财务会计信息内部控制与审计

第一节 财务与会计信息系统内部控制体系

一、会计信息系统内部控制的目标

所谓内部控制包括组织机构的设计和企业内部采取的所有用于保护企业财产、检查企业会计信息准确性和可靠性、提高经营效率和效益、推动企业坚持执行既定的管理方针的相互协调的方法和措施。具体到会计信息系统，其内部控制的主要目标如下：

（一）防范资产损失

对企业主要资产，如货币资金、应收账款、材料物品、固定资产、长期投资等的存取予以授权；为企业资产分别设立各自账户予以记录；通过对账核实，对各种资产的现状及使用变动情况予以监控。

（二）确保业务记录的有效性、完整性、正确性

不允许没有真正发生的虚构经济业务登记入账，而要求已授权且已发生的所有经济业务，在合适的时候，以适当的金额登记适当的账户，即被正确地确认、计量。

（三）确保会计信息的输出符合相关的处理规则

保证会计系统按公认会计原则，完整、及时地报告会计信息，如编制资产负债表、损益表、现金流量表等。同时，还要对各种会计档案、会计信息建立必要的使用与防护控制，如配置专人负责会计档案的保管、分发和回收。建立会计档案使用授权、登记制度，以确保信息传播的有效性和会计档案的安全性。

（四）为审计提供足够的线索

在设计和开发电算化会计系统时，必须注意审计的要求，使系统在数据处理时留下新的审计线索，以便审计人员在电算化环境下也能跟踪审计线索，顺利完成审计任务。

二、财务与会计信息系统的风险及内部控制体系

无论是人工系统还是财务与会计信息系统,其内部控制的目标都相同。由于计算机技术的引入,财务与会计信息系统在数据收集处理、存储、传输以及系统设备管理方面出现一些新特征,由此导致财务与会计信息系统的风险内容与人工系统不同,其主要表现为:

(一)财务与会计信息系统数据处理的集中化、自动化

由于数据处理的集中化、自动化及不健全的内部控制,业务人员可利用特殊的授权文件或口令,获得某种权利或运行特定程序进行业务处理,由此引起失控而造成损失。

(二)财务与会计信息系统数据存储隐形化

会计数据以电、磁或光信号等物理形式存储在磁、光介质上,部分交易几乎没有"痕迹",未授权人员可以查阅、盗窃或更改会计数据而不留痕迹,会计数据可能因疏忽或系统故障而暂时无法直接使用或毁损,甚至完全清除。

(三)电算化系统数据传输介质化、网络化

在把会计数据转化为便于计算机处理、传输的光、电、磁信号过程中,离不开会计数据的人工输入,而人工输入时极易出现有意或无意的差错。在通过电子通信网络传送时,未经授权人员可能接近、篡改、毁损会计数据,从而出现了内部控制的新问题。

(四)内部控制程序化

电算化系统中内部控制具有人工控制与程序控制相结合的特点。程序化的内部控制的有效性取决于应用程序,如程序发生差错或不起作用,人们的依赖性和程序运行的重复性,会使失效控制长期不被发现,系统发生错误或违规行为。

财务与会计信息系统内部控制包括一般控制和应用控制两方面。

所谓一般控制是指对会计信息系统及其环境的控制,与计算机数据处理系统的内部控制具有共性。一般控制主要包括组织和操作控制、硬件和系统软件控制、系统安全控制等。只有在一般控制强有力的环境下,应用控制才能发挥应有的作用。

所谓应用控制是与特定的会计作业或交易处理直接相关的控制。不同的应用系统因处理方式、处理过程不同,其应用控制也不同。应用控制不仅为会计数据的准确性、可靠性提供保证,而且为企业管理、决策提供支持。

概括地说,一般控制是应用控制的基础,为数据处理提供良好的处理环境;应用控制是一般控制的深化,在一般控制的基础上,直接深入具体的业务数据处理过程,为数据处理的准确性、完整性和可靠性提供最后的保证。

第二节 一般控制

任何信息系统的内部控制通常都遵循如下一些基本原则：交易授权、职责分离、作业监督、限制资产接近、交易记录和独立性。一般控制主要包括组织和操作控制、硬件和软件控制、系统安全控制等。

一、组织和操作控制

（一）组织控制

由于企业的组织结构决定企业内部各部门、各岗位、各员工之间的职责关系，因此，企业的组织结构是一种内在的控制。在设计企业的组织结构时要充分考虑和实现职责分离的控制目的，合理划分不同岗位或员工的职责，尤其是要分离不宜兼容的岗位职能。一般来说，一项完整的作业要由两个或两个以上的岗位或员工共同完成，以利于相互复核和牵制。在合理的职责分工下，工作人员将难以舞弊和自行掩盖，从而有效地减少差错或舞弊。不同处理方式的信息系统，其组织控制的形式和内容也不同。对财务与会计信息系统而言，其组织控制主要表现为：

（1）处理与控制会计资料的信息系统职能部门应与业务部门的职责分离。信息系统职能部门只直接负责管理、操作、维护计算机和会计软件系统，即只负责数据的记录、处理，而避免参与业务活动。具体地说：

- 所有业务活动均应由用户部门完成或授权；
- 信息系统部门无权私自改动业务记录和有关文件；
- 所有业务过程中出现的错误数据均由用户部门负责或授权改正；
- 信息系统部门只允许改正数据在输入、加工和输出过程中产生的错误；
- 所有现行系统的改进、新系统的应用及控制措施都应由受益部门发起并经高级管理员授权，未经有关部门批准，业务部门无权擅自修改现有应用程序；
- 所有资产的保管均不由系统职能部门负责。

《会计电算化工作规范》要求将会计岗位分为基本会计岗位和会计电算化岗位。其中基本会计岗位负责经济业务的确认、计量与报告，会计电算化岗位直接负责管理、操作、维护计算机和会计软件系统。

（2）信息系统部门内部的职责分离。在信息系统部门内部，首先，在系统设计、开发与会计数据处理之间必须明确分工。系统设计开发只负责系统分析、设计、程序编码、调试、维护、数据库的设计与控制、编写用户手册等。数据处理只负责会计业务数据的处理和控制。系统开发与数据处理应由不同的人员承担。其次，为减少差错，防止舞弊，在数据准备、数据操作、文档管理等数据处理各环节之间也应进行一定的职责分离。如《会计电算化工作规范》中规定，电算化岗位包括电算主管、软件操作、审核记账、电算维护、电算审查、数据分析、会计档案资料管理员、软件开发等。

当然，内部控制的方法与措施的有效性有赖于人员的执行，有赖于执行情况及时和真实的反馈。因此，组织控制还应对人员进行考核及奖惩，如制定晋升制度，岗位轮换制度，定期休假制度，内部督查、审计制度等。

（二）操作控制

所谓操作控制，就是制定和执行标准操作规程，以保证系统运行的规范化、制度化和操作人员的合法化。操作控制的主要内容如下：

1. 计算机系统使用管理

首先，应建立科学合理的机房管理制度，对设备的使用、程序的生效、文件的处置等制定出明确的规定，防止非指定人员进入机房操作计算机系统，以保护设备、程序、数据的安全；其次，制定数据文件的管理规则，包括数据文件的保留限期、存放地点、保管人员、使用控制等方面的内容；最后，为提高数据的共享性、兼容性，还应建立软件使用制度，同时制定一些应付突发事故的补救措施。

2. 操作管理

制定规范的操作制度和程序，以保证上机操作人员的合法性。如明确规定上机操作人员对会计软件的操作内容和权限。操作权限控制是指每个岗位的人员只能按照所授予的权限对系统进行作业，不得超越权限接触系统。系统应制定适当的权限标准体系，使系统不被越权操作，从而保证系统的安全。操作权限控制常采用设置口令来实行。每次工作完毕应及时做好所需的数据备份工作。

3. 运行记录制度

记录并保存系统操作和会计信息的使用情况，如记录操作人员、操作时间、操作内容、故障情况等。

二、硬件和软件控制

所谓硬件和软件控制，是指为及时发现、查验、排除计算机故障，确保财务与会计信息系统正常运行而采用的计算机软、硬件控制技术和有关措施。

常用的计算机硬件控制技术有冗余校验、奇偶校验、重复处理校验、回波校验、设备校验、有效性校验等，通常由设备生产厂家负责实施。

软件控制包括文件保护、安全保护机制和自我保护等内容。

（一）文件保护

文件保护主要通过设置、核对文件内部标签来防止未经授权的文件使用和修改。文件内部标签是以机器可读的形式存储于磁盘或磁带中，一般占据文件目录的若干字节，以提供文件名称、文件编号、建立日期、所有者、进入口令、识别密码、文件记录数、保留日期等信息。

（二）安全保护机制

安全保护机制主要通过设立各类工作人员的存取权限，自动建立系统使用的人员及操作记录等来防止未经授权的系统使用。例如，安易公司的软件产品《安易2000GRP》，就分别在系统级、数据库级、功能级、数据级、数值级等五个级别设置了安全控制机制。

（三）自我保护

自我保护主要包括两部分内容：一是系统开发和维护的控制与监督（如程序的编号，维护的授权，只有使用专门指令才能动用和修改现有应用程序等）；二是出错处置程序，当计算机在程序、设备或操作出现错误时，仍能继续正常运行，不死机。

三、系统安全控制

通常计算机系统安全从保密性、完整性、可用性等三个方面予以衡量。保密性是指防止计算机数据非法泄露；完整性是指防止计算机程序和数据的非法修改或删除；可用性是指防止计算机资源和数据的非法独占，当用户需要使用计算机资源时要有资源可用。因此，系统安全控制应涉及计算机和数据两方面的安全控制。系统的可靠性、信息的安全性以及信息处理的正确性均有赖于强有力的系统安全控制。

（一）计算机的安全控制

首先，应建立计算机接触控制，严格控制未经授权人员进入机房，保证仅有授权人员才可接触到系统的硬件、软件、应用程序及文档资料；严格执行已建立的岗位责任制和操作规程，实施有效的上机授权程序。其次，建立系统环境安全控制。妥善选择系统工作场地，配备必需的防护和预警装置或设备，同时，还应采取必要的"灾难补救"措施，建立后备系统等。

（二）数据安全控制

数据安全控制的目标是要做到任何情况下数据都不丢失、不损毁、不泄露、不被非法侵入。通常采用的控制包括接触控制、丢失数据的恢复与重建等，确保一旦发生数据非法修改、删除，可及时将数据还原到原有状态或最近状态。数据的备份是数据恢复与重建的基础，网络中利用两个服务器进行双机镜像映射备份是备份的先进形式。

（三）网络安全控制

网络安全性指标包括数据保密、访问控制、身份识别、不可否认和完整性。具体可采用的安全技术主要包括数据加密技术、访问控制技术、认证技术等。

第三节 应用控制

应用控制是对财务与会计信息系统中具体的数据处理活动所进行的控制。其重点在于全部交易均已经过合法授权并被正确记录、分类处理和报告。应用控制一般分为输入控制、处理控制和输出控制。

一、输入控制

输入控制的目的如下：

（1）确保完整、及时、正确地将经济业务信息转换成机器可读的形式并输入计算机，而不存在数据的遗漏、添加和篡改；

（2）及时发现与更正进入财务与会计信息系统的各种异常数据，或者将其反馈至相关业务部门重新处理。

常用的输入控制方法：

● 建立科目名称与代码对照文件，以防止会计科目输错；

● 设计科目代码校验，以保证会计科目代码输入的正确性；

● 设立对应关系参照文件，用来判断对应账户是否发生错误；

● 试算平衡控制，对每笔分录和借贷方进行平衡校验，防止输入金额出错；

● 顺序检查法，防止凭证编号重复；

● 二次输入法，将数据先后或同时由两人分别输入，经对比后确定输入是否正确。

依据数据输入过程的逻辑性，输入控制应包括以下内容：

（一）数据收集控制

数据收集控制是指对经济业务原始交易数据的人工收集、分类、记录过程的控制。它主要包括建立和执行合理的凭证编制、审核、传递、保管程序；合理设计凭证，明确规定各栏次的内容，并预留空栏供交易授权和确认责任；业务的授权与合理分类等方面的内容。

（二）数据分批和转换控制

数据分批是指将一段时间内的业务数据汇集在一起，集中输入和处理。对于采用批处理方式的财务与会计信息系统而言，可防止交易处理的遗漏，防止在信息处理过程中未经授权交易资料的插入，防止过账错误。有效的数据分批控制措施是控制总和，即计算并比较某一数据项在不同处理过程或部门产生的总和，若该数据项的各总和之间存在非零差异，则表示存在差错。例如，当某一批数据全部输入完毕后，若计算机统计出记录项总数与数据收集组提供的记录项总数不一致，则表示出现输入差错，必须立即更正。控制总和除选用记录项总和外，还常选用总额控制数，即整批交易的数量金额栏的汇总数。控制总和不仅适用于数据输入控制，而且可以应用于数据处理和数据输出控制。

数据转换控制，是指将计算机不能识别（不能读）的数据，转换为计算机能够识别（读）的数据这一过程。

二、处理控制

财务与会计信息系统处理控制的目的，在于确保已输入系统的全部数据均得到正确和完整的处理。常用的控制措施包括：登账条件检验，防错、纠错控制，修改权限与修改痕迹控制等。处理控制主要涉及数据的有效性检验、数据处理的有效性校验及建立清晰的审计线索等方面。

（一）数据的有效性校验

财务与会计信息系统十分复杂，要求能对各种类型的业务文件进行正确的处理。使财务与会计信息系统处理的结果正确、完整的前提是所要求处理的数据是正确、完整的，即：保证所处理数据对象的有效性。数据的有效性校验分为数据正确性校验和数据完整性校验。

1. 数据正确性校验

数据正确性校验，即所要求处理的数据，读取自适当的数据库，经适当的应用程序处理后又被存入适当的数据库。常用的方法包括：校验文件标签，即人工检查文件外部标签，程序检查文件内部标签；设置校验业务编码，即对不同的业务进行编码，应用程序依据读出的业务编码，将不同的业务转入不同的程序进行相应处理。

2. 数据完整性校验

数据完整性校验，即确保所要求处理的数据既没有遗漏，也没有重复，更没有未授权的插入、添加。最常用的方法就是利用顺序校验，即应用程序通过读取的每一项业务或纪录的主关键字，与前一项业务或纪录的主关键字进行比较，以检查文件组织顺序是否正确。顺序校验不论是对数据输入控制还是数据处理控制都是必要的。

（二）数据处理有效性校验

数据处理过程中产生的错误，一般是由于计算机硬件、系统软件、应用软件出现了问题。虽然现在计算机硬件设备的可靠性相当高，但在系统运行中仍有可能出现故障。设计完好的系统软件、应用软件,也可能因硬件故障或其他外界干扰而失效或被更改。因此,数据处理的有效性,一方面,可通过定期检测财务与会计信息系统各功能处理的时序关系和应用程序,及时发现并纠正错误来确保;另一方面,可通过对数据进行逻辑校验来确保。

对于系统各功能处理的时序关系和应用程序的测试,常用重复处理控制的方法,即比较同一业务数据的前后两次处理结果,若两个结果不一致,则说明出错。例如,对于"应收账款"模块,可依据往来客户代码,将每批应收账款业务分别进行明细账处理和总账处理,批处理结束后,若总账发生额与各明细账发生额的合计之间存在非零差异,则说明该模块存在问题。至于对数据的逻辑检验,既可采用前述的合理性检验和配比性检验,也可采用逆向运算、重复运算等方法检测数值计算的正确性。

(三)建立审计线索

处理控制的另一个重要目的在于产生必要、清晰的审计线索,以便对已处理交易进行追溯和查验。必要的、清晰的审计线索不仅为审计总账或其他会计记录的变动提供证据,而且为编制财务报表,查找与更正处理错误,发现交易数据的遗漏或未经授权的添加提供方便。审计线索的充分与否,直接影响到应用控制的质量好坏。

财务与会计信息系统审计线索的建立一般涉及输入/输出登记、程序的使用登记以及处理过程中所产生业务的登记等方面,如:

(1)已处理的经济业务清单;
(2)处理中使用过的参数表和数据清单;
(3)操作员单独输入的数据清单;
(4)处理中使用过的应用程序名称、次数和时间;
(5)某些经济业务所需的选择性处理操作清单;
(6)计算机产生业务的详细清单。

三、输出控制

财务与会计信息系统不仅要保证输出结果的完整与可靠,而且要保证各种输出信息能安全、及时地分发到适当的使用者手中。只有具有相应权限的人员才能执行输出操作,并要登记操作记录,从而达到限制接触输出信息的目的;打印输出的资料要进行登记,并按会计档案要求保管。

输出控制包括对财务与会计信息系统输出结果的复核和对输出结果的限制性分发。输出结果的复核,包含来自信息输出部门和信息使用者两方面的复核。信息输出部门在分发之前,要对拟分发的输出结果的形式、内容进行复核,如业务处理记录簿与输入业务记录簿有关数字的核对,输入过程中控制总数与输出得到的控制总数的核对,正常业务报告与例外报告中有关数字的对比分析等；信息使用者在使用前，对会计电算化输出结果的复核，如客户在支付到期贷款之前，复核收到的往来客户账单；企业财务主管在每日现金送银行之前，复核由出纳编制的存款汇总表等。

输出结果的限制性分发，是指财务与会计信息系统的输出结果只限于分发到授权接收的使用者手中。限制性分发通常是通过建立和执行输出文件的分发与使用登记制度来实现。

无论是输入控制、处理控制或输出控制，都应包括对发现的错误如何加以处理的措施和方法。一般而言，根据不同的情况，如发现错误的时间、错误类型、产生地点、环节等，采用不同的处理措施。如对已发现的错误凭证，若错误凭证被发现时已登账，则只能采用红字登记法或补充登记法来更正。若错误凭证被发现时已输入财务与会计信息系统但尚未登账，且该错误来自数据转换阶段，即录入错误，则可直接更改，若该错误来自数据的采集阶段，即手工编制记账凭证错误，则操作员不能直接更改，应填制错误清单并通知有关业务部门，待清单中错误更改后送回，再重新输入。

第四节 计算机审计

一、计算机审计的概念

计算机审计是指对财务与会计信息系统的审计。由于将计算机系统作为会计工作的辅助管理工具，不仅给会计工作本身，而且给审计工作带来了深远的影响，同时，也拓展了审计工作的范围。在电子商务环境，传统的审计线索完全消失。记录和确认交易发生的各种文件，从合同、订单、发货单、发票、数字支票，以及收、付款凭证等原始单据，都以电磁信息的形式在网上传递，并保存于电磁存储介质中，极大地冲击了传统审计的方法和模式。

（一）会计组织结构

在财务与会计信息系统中，会计的许多功能，特别是会计核算功能由计算机辅助完成。在原有的手工处理系统中的一部分会计组织机构，如工资核算组、成本费用核算组、总分类核算组均有可能不再需要设置。同时，计算机的应用，又相应出现一些新的工作岗位和组织，如系统开发组、系统维护组等。因此，审计工作不仅仍然要围绕原来手工系统的例行任务进行，还要对财务与会计信息系统新设立的组织进行研究与评价。

（二）系统工作平台

系统工作平台是指财务与会计信息系统使用的计算机硬件系统和系统软件。必须保证系统平台能满足会计电算化技术与安全方面的要求。由于计算机系统是原手工会计系统没有的部分，因此，对于财务与会计信息系统的审计，审计部门要增加计算机技术方面的组织。

（三）数据存储形式

在手工操作时，会计信息由纸张介质进行记载，如记账凭证、账簿等。在财务与会计信息系统中，计算机内的数据都存储在各种光、电、磁介质中，人们再也不能以翻开证、账、表的形式使用这些信息，只能借助计算机的辅助设备和程序来存取这些信息。由于存储介质的变化，会计系统的审计线索亦发生了变化。一方面，部分审计线索消失；另一方面，则大部分审计线索改变了其存在的形式。

（四）内部控制

除了原有手工系统下的内部控制制度外，企业会计系统应为每笔业务、每项经济活动提供一个完整的审计轨迹。可将相当一部分内部控制方法交由计算机程序实现，如试算平衡、非法对应科目设定、计算机操作权限设置等。计算机审计要求对财务与会计信息系统内部控制机制的有效性进行审计。

（五）计算机系统的安全性

财务与会计信息系统的安全隐患主要来源于两个方面：一个是会计人员及其他人员的舞弊行为；另一个是外界对计算机网络的恶意攻击。因此，必须采取相应的审计方法来对财务与会计信息系统的安全性进行审计。

二、计算机审计的内容

计算机审计的基本目标是审查财务与会计信息系统的有效性、经济性、效率性、完整性、准确性、安全性、私用性和合法性。在财务与会计信息系统中，由于其组织结构、数据处理形式及数据存储介质都与手工系统有很大差别，其审计的方式和内容也随之有所改变。此外，审计人员不仅仍可依靠手工围绕财务与会计信息系统进行审计，也可利用计算机作为辅助工具对财务与会计信息系统进行审计。具体地说，在财务与会计信息系统环境下，计算机审计主要有以下内容。

（一）内部控制审计

财务与会计信息系统的内部控制是否健全有效，是会计信息正确与否的基本保证。我国对会计处理工作制定的一系列法律法规，是保证财务与会计信息系统正常运行的法律基础。一个企业内部控制的建立和实施，必须实现的目标包括提供可靠数据，保护各项资产及记录的安全，促进经营效率的提高，鼓励遵守既定政策、遵守有关法规。如果企业的现行会计制度、会计处理规程等内部控制既符合公认的会计原理和准则及其他内部控制原则，又能够自始至终地得到贯彻执行，那么就可以认定企业提供的会计信息是真实的、公允的。若会计电算化系统能够依据《会计电算化工作规范》等法律法规实施操作，也可以认为该会计电算化系统是有效的、可靠的，其提供的信息是真实的、公允的。制度基础审计既是社会经济发展对审计工作提出的要求，也是对财务与会计信息系统内部控制审计的主要内容。

（二）计算机系统审计

计算机系统包括计算机硬件、系统软件和应用软件。这里主要指对计算机硬件和系统软件的审计。

对计算机硬件的审计是审查硬件的性能是否达到要求，设备运行是否正常。一般来讲，财务与会计信息系统的硬件要求可靠性较高。为了保证系统数据的安全性和完整性，系统可以采用数据存储设备镜像或双机热备份等工作方式。

对计算机系统软件的审计，其主要内容有计算机操作系统和数据库管理系统。在当前的中小型系统中，可用于局域网系统的操作系统产品不多，主要有 Windows 和 NetWare 系列产品，这些产品不提供源代码，其安全性也有限。在多用户或网络工作环境中，计算机操作系统必须满足一定的安全级别。在有条件的情况下，计算机操作系统的安全级别要达到 B2 级。

（三）系统开发审计

对于财务与会计信息系统，不仅要对系统的工作环境进行审计，也要对财务与会计信息系统的开发过程进行审计，也就是要对财务与会计信息系统的整个生命周期进行审计。系统开发审计一方面要检查开发活动是否受到适当的控制，以及系统开发的方法与程序是否科学、先进、合理；另一方面还要检查系统开发中产生的文档资料。例如，在系统分析阶段产生的系统分析报告所描述的财务与会计信息系统逻辑模型是否正确；在系统设计阶段产生的系统设计文档是否可行、有效；在系统实施过程中采用的开发工具是否先进。

（四）应用程序审计

应用程序是系统功能的最后实现，尤其是在财务与会计信息系统中，会计功能，特别是会计核算必须依照一定的步骤、方法和规范展开。因此，应用程序的审计要通过一系列数据测试，对目标系统的符合性进行检验，以保证程序运行逻辑的正确性。

（五）数据文件审计

财务与会计信息系统是利用数据文件系统存储会计处理的对象和结果。在会计电算化系统中，会计凭证、会计账簿、会计报表映像；国家制定的法律、财经法规、政策和制度，上级制定的规章制度，上级下达的指示、通知、命令；企业单位制定的经营方针、目标、计划、预算、定额、经济合同，各项经济指标、规章制度等，都能以数据文件或数据仓库的形式存储于光、电、磁等介质上。因此，审计依据和审计证据大部分来自财务与会计信息系统和企业信息系统内部，特别是企业单位制定的各项数据指标和账务处理数据。

第七章 财务会计管理概述

第一节 财务会计管理存在的问题

企业单位和事业单位的发展,离不开财务管理。财务管理的优化对企事业单位意义重大。随着新会计制度的正式施行,因为原有会计制度的诸多不足,组织的发展受到了原有会计制度的影响。特别是对于企业发展来讲,基于新会计制度的财务管理具有明显的决策性作用。当前,中国经济进入了快速发展的新常态,会计制度变革势在必行。在当前已经革新的会计制度面前,企业财务管理人员要对财务管理做出相应的变革,这是企业可持续健康发展的基础。

一、新会计制度在企业财务管理实施中的重要作用

第一,促进企业财务管理理念的积极转变。毋庸置疑,获取利润是企业发展的主要目标,提升业务能力是企业孜孜不倦的追求。这种情况下,企业财务管理就在无形中变成了辅助企业发展的重要部门,在很多企业领导看来,情况就应该是这样。随着企业管理理念变革力度的不断加大,企业只有不断适应新会计制度的相关规定,才能让企业在发展中顺风顺水,获得可持续发展。第二,提高财务管理人员的工作效率。原有的财务管理制度,财务管理人员的工作惰性、工作惯性对工作的影响很大,相对应的工作效率也很低,工作积极性受到很大影响。新会计制度推出以后,对财务人员的业务能力提出了新要求,也更注重财务人员的工作效率及工作积极性,让他们更多地注重单位的长远发展目标并为之服务。在新会计制度下,财务部门会科学有效设置财会岗位,在尽可能降低成本的情况下,提高工作效率,进而让企业效益最大化。第三,提高企业财务核算流程的完善程度。新会计制度的实施,一部分关注度在企业的财务核算流程的完善上。很多情况下,组织要想尽可能提升组织能力,就要实现财务核算流程的完善再造。在原有流程不再适应企业发展的需要时,就要尽可能推进流程再造。举例来讲,在财务报销中,原有的报销制度下,财务人员要在粘贴好发票后,到相应窗口实施报销,很多时候,因企业人员众多,会出现排队报销的情况,效率低下不说,

还很容易出现差错，影响了企业的快速发展。新会计制度下，企业实施网上报销，在不需要排队的情况下，财务报销就会得到高效率的完成，提高效率的同时，也节省了人工，降低了人员成本。

二、企业财务管理模式优化策略

（一）增加对新型财务工作的重视

随着时代的快速变化，国家实施了新企业会计准则体系，企业开展财务会计核算工作因此面临着更为严格的要求，企业因此必须形成更全面、准确的数据资料库，这是企业发展所面临的挑战。但与之对应的，新会计准则缩短了其与国际会计报告准则的差距，这就为企业财务工作的进行创造了良好的外在条件，也使得企业纷纷加深了对财务工作价值的认识，从而自发地参与到现代化财务工作体系中。考虑到传统财务工作模式下许多企业对财务数据分析的认识不足，从而导致其对财务工作者素质、专业程度的把关不严格，许多资质和经验不足的员工流入岗位。基于此，企业需要在新会计准则的指导下，主动转变思想观念，将财务工作提升到重要日程，并且加大资金、技术投入力度，为财务工作的开展奠定坚实基础。

（二）强化财务人员信息化技术分析工具的使用

在新会计准则的指导下，企业需要促进财务工作与信息技术的高度融合。传统的主要依靠人力完成财务分析等系列工作任务的习惯必须得到改变，按照有关经济法的要求，可以将与资金相关的诸多数据作为对象加以考查，确保信息的实时性和准确性，并且有效减少人力、物力资源的消耗。具体来说，企业要注重考察财务人员的资历及从业经验，适当提高员工准入门槛，将不符合工作能力要求的员工排除在财务工作范围之外，确保员工具有一定的综合知识广度和深度。再者，企业要注意加强对财务工作者信息技术掌握能力的培养，使其可以对数据做有效整理。

（三）强化企业自身财务管理与控制

为确保新会计准则能够在企业财务管理过程中更好的落实，企业必须要从内部出发，强化自身财务管理与控制，并以此为基础建立科学合理且高效的财务监控管理制度体系。想要提高企业内部人员的财务管理意识：就必须要提升资金管理工作地位，并以细化的形式让其体现在各个部门的实际工作中；资金应用效率也加以关注，并将实现企业资金利用效率最大化作为提升管理的主要目标，以此来实现资金和使用实现高度配合；企业物资管理也需加强控制，让物资的采购工作、使用工作、销售管理制度能够更加的规范；可采用现存货物管理的方式对现存货物和应收账款的管理工作加以辅助，解决企业流动资金匮乏或资金流转性较弱的现象。

（四）注重反映企业盈利结构合理化

企业财务分析在企业结构上要注重企业资金结构的反映，即对企业结构进行分析时要了解不同资金所在不同位置的流向，将企业在项目中所使用的人力、物力成本做初步的分析和精准性的把握，对以往的资金流向起到历史性的参考作用，对当前及其日后的资金流向动态做实时动态监测，实现企业的财务资金明朗化，通过对企业不同时期数据的对比，增强财务分析决策的科学性和有效性。新型的会计制度，对企业的纪律条例有了新的规范，要求企业法人以及相关的财务部门对内部资金结构具有与时俱进、实时更新的财务理念，保证在企业内部财务数据上的严谨性。

综上所述，加强对新企业会计准则下企业财务工作的发展与转变的探讨，具有重要的现实意义。相关工作人员需要在明确现阶段企业财务工作开展现状——如忽视财务分析的重要性、财务报表数据存在滞后性、财务工作人员综合知识广度和深度不足的基础上，提出新会计准则下企业财务工作发展的建议，增加对新型财务工作的重视，充分认识传统分析方法的局限性，注重反映企业盈利结构合理化，强化财务人员信息化技术分析工具的使用。

第二节　知识经济下财务会计管理

当今中国社会已经逐渐步入知识经济时代，各行各业都受到了不同程度的冲击，首当其冲的便是会计行业中的财务会计管理。知识经济时代，传统的财务会计管理的管理模式以及理论体系都不再适用，整个财务会计管理领域都将迎来一场疾风骤雨式的革新。

我们其实在不知不觉间就已经步入知识经济时代，其内核为知识掌控经济，经济的发展和效益与知识的应用将结合地愈来愈紧密。现在企业的财务会计管理只有做好知识以及信息的收集、整理、录入、分析方能在知识经济时代拥有一席之地，对于企业财务会计管理来说，企业内部资金流动情况就是其所需要管理的对象。

一、知识经济概述

至此必定有读者想问何为知识经济，知识经济就是指一种由传统以农业为基础的经济和以工业为基础的经济演化而来的以知识为基础的经济模式。农业经济时代，政府就会大力发展农业生产，加大对农业的投入从而达到获取更多经济效益的目的。而工业经济时代，政府自然就会将经济重心都放到工业发展上来，通过对工业发展的大力推进继而获得经济的快速增长。现在我们的社会经济发展主要生产力变为了知识，紧跟知识经济发展步伐的企业都已经在各行各业显露头角，知识产业发展迅速，知识产业为人类生活带来了许多的收益，所以说，我们已经处于知识经济时代。

二、知识经济下会计管理受到的冲击

（一）会计历史成本原则受到的冲击

传统财务会计管理通常采用历史成本原则对企业内部财物的实际入账金额的确定及计价的准则，企业高层通常使用历史成本原则在有形市场运转和市价浮动时对资金流动情况进行捕获分析。然而，随着我国经济的发展，人均受教育水平大幅度提高，知识转化为生产力有了数不清的成功案例，有形市场受到冲击，整个人力管理和知识产业评估都开始了改革。因而，企业在知识经济时代下不得不将知识等无形资产纳入评估之中，而传统的会计历史成本原则并不能对此进行评估使得其在会计管理中的实用性大大降低。

（二）会计环境受到的冲击

包括科技、教育、政治、文化、经济等环境因素都在会计环境的范畴之内，会计环境会影响到企业的管理模式以及相关信息需求，所以知识经济的到来毕竟会对会计环境造成极大的冲击。由此可以见得，此后企业的财务会计管理的管理重心会大幅度向各类知识方面的信息进行倾斜，相对应的工农业生产方面的信息会日趋减少。对于一个企业来说，其会计管理环境的受到冲击后，将会体现在整个公司各部门之间的资源配置变动以及组织形式的改变，生产出更多知识类无形资产的部分将能得到更多的资源和人力。

（三）现行会计核算方法受到的冲击

原始凭证受到的冲击。经济时代的全面到来使得人们的日常金融交易方式发生了巨大的变革，第三方支付平台的和网上贷款平台等网络金融的兴起推动着电子货币的普及，致使电子发票和表格逐步取代了纸和发票、账簿，原始凭证的填写方式的发送形式都受到了冲击。与此同时，随着互联网技术的普及，整个企业的日常采购、运作包括资金流动都不再依赖于纸质原始凭证，电子原始凭证大行其道。

复式记账受到的冲击。所有业务均以同样金额对一个以上的互联的账户进行登记的记账方式即为复式记账（Double Entry Book keeping），复式记账在知识经济的冲击下面临着任务量更大和任务内容更复杂的双重考验。企业在知识经济下如何调整复式记账进行应对关系到将来会计管理的效率和准确率是否能跟随着企业规模的扩张而维持较好数值，对此笔者认为可以对复式记账进行一定限度的革新：复式记账中的记账凭证不再只局限于常规的二元分类信息数据项，而是可以试着直接将分类信息数据项也纳入记账凭证中进行管理，此举便可以令一个经济业务拥有一张以上的凭证，更加适用于知识经济时代下企业内部的财务会计管理。

三、知识经济下财务会计管理的发展方向

财务会计手段向信息化、现代化方向发展。知识经济下，计算机的普及与发展，全球卫星通信的实现，互联网络的飞快运转，对传统的会计方法将进行一次全面洗礼，会计手段将在会计电算化全面普及运用的基础上实现会计信息化。全面使用现代信息技术，包括计算机、网络与通信技术，使得会计信息处理高度自动化，会计手段实现现代化。

财务会计中介机构向多元化、诚信化、多元化方向发展。中介机构是企业信息质量保证的最后一道防线，是保证信息有效性和保障各类投资者合法利益的主要力量。一直以来，中介机构都因其独立性、客观性、公正性的特点而享有"经济警察"的美誉。

财务会计人才向高素质、高技能方向发展。财务会计系统的运行过程必须与经济运行主体的全过程相适应，只有如此，才能提供准确的财务会计信息。因此，知识经济时代的会计人员将是兼容科技与管理知识的、具有多元知识结构和创新思维的高智能复合型会计人才。会计人员在根本上是要具备扎实深厚的业务知识，如必须懂得财务会计、管理会计、财务管理和审计知识，同时，还应掌握相关专业的知识，如一般商业知识，财政、金融、国际贸易、货币银行学和人力资源管理学等，熟悉企业业务流程、产品生产工艺等。

随着我国经济的发展和政府对教育的大力投入，我国人均文化水平相比于改革开放初期，有了质的飞跃，为我国进入知识经济时代打下了非常好的基础。知识经济时代的全面来临使得财务会计管理受到了非常大的冲击，此时，不光是会计管理行业，各行各业都应该紧跟知识经济的步伐，加紧对自身理论体系以及方法准则的革新，重视知识的经济价值，实现成功转型，继而在知识经济时代下立于不败之地。

第三节 企业财务会计与管理会计的融合

进入 21 世纪以来，我国的社会科学技术水平不断进步，各行各业都发生了很大的变化。在现在市场竞争日益激烈的背景下，企业要想取得自己的一席之地，得到长远可持续发展，就必须在这样激烈的市场环境中做好企业的经营管理活动。在新形势下，企业经营管理活动的复杂性也越来越高，这就需要不断提高对财务管理工作的要求，现阶段下传统的会计工作职能已经不能适应现在企业的发展需求，当前企业的发展更

需要有效地从财务信息中为相关管理者决策并找出科学的决策依据,这样才能更加有效地将管理与财务充分地深入融合,为企业运转提供全面的决策信息,以让企业在现在激烈的市场竞争环境中立于不败之地。本节就企业财务会计与管理会计的融合路径进行探析,希望可以给大家带来一些参考。

在完善经济市场体制、快速发展经济这两个工作相继取得进展的当下,会计作为现代企业经营管理过程中掌控财务大权的重要组成部分,如果继续以传统的工作模式、观念以及方法服务企业的发展,将难以有效推进企业适应新常态下的社会市场挑战,无法提升企业的市场竞争力。因而,管理会计与财务会计的融合已俨然成为当下企业会计发展的重要趋势与核心内容。现代企业唯有在实际管理工作中融合两者的职能、职责与工作内容,促使其在机体上紧密相连,才能呈现出有效的财务工作效能。

一、财务会计和管理会计融合的意义

财务会计与管理会计的融合有助于企业内部长久稳定发展。企业单纯依靠财务会计所反馈的情况无法准确反馈出真实的运营情况,如果不能利用管理会计来正确科学地分析公司的财务会计,那么企业无法获得持续良好高效发展。尽管管理会计与财务会计比较,无需对大量的数据进行处理,也并未有财务会计严谨,可是二者融合,不但可以清晰地反馈出企业发展方向,而且能够开拓财务会计与管理会计人员的眼界,进而给公司财务工作营造出良好的氛围,培养出会计人员全面发展的理念,给企业制定出准确的发展方向,进一步提高企业内部管理效率。财务会计与管理会计的融合还可以有效地分析公司产品的具体盈利情况,经过分析盈利情况,对公司产品市场分布结构进行优化,全面推进公司财务可持续发展,提升企业的核心竞争力。

二、财务会计和管理会计在企业中的融合

信息的融合。管理会计和财务会计都是对企业发生的经济交易和事项进行信息管理,两者的核算对象都是一致的,核算的原始信息的来源也是一致的,只是两者研究的侧重点不同,采用的研究方法和角度也不同。目前,企业的会计管理形式有三种,第一种是财务会计和管理会计的融合管理,管理会计的报告、业绩评价等以财务会议记录作为主要的数据来源;第二种是两者分离,管理会计和财务会计系统相互独立,分别有独立的账簿;第三种是介于上面两种模式之间,管理和财务会计之间有部分的融合。据调查研究发现,管理会计与财务会计的有机融合可以提高企业活动的效率,有助于管理者更好地对财务状况和经营状况进行分析,做出科学的决策。

加强会计人才的培养。财务会计与管理会计对人才的需求方面存在一定的差异,例如,财务会计更加重视工作人员的业务水平,管理会计更加重视工作人员的管理才

能。因此，将财务会计以及管理会计进行融合之后，会计人员也同样面临着较大的挑战，企业需要加大对会计人员的培养力度，重视下面几个方面的内容：第一，培养复合型人才，让其可以符合财务会计与管理会计人才标准，不仅要具备非常娴熟的业务能力，还需要有较强的管理能力；第二，加强与高等院校之间的联系，从市场以及企业的需要来优化会计专业的教学内容，并且为企业输送更多应用型的人才；第三，企业内部培训当中，一定要充分掌握工作人员的知识与技能水平，有利于有针对性地展开培训，让其更好地完成工作；第四，不仅要重视对会计人员的专业培训，还要重视提高会计人员的综合素质，提高会计人员的职业道德素养，避免出现泄漏信息等现象。

努力研发会计工具。管理会计在核算机制与运行模式层面，要优于传统的财务会计，公司应将最前沿的理论方法与工具投入到管理会计与财务会计当中，以此促进两者的有机融合。现阶段，伴随产业结构的转型以及产业与产品的紧密结合，市面上出现诸多管理会计工具，并以此满足企业转型的需求。然而，要寻找到符合企业发展特征与特点的工具，则相对困难，对此企业应优先选择自主研发的形式，利用"互联网＋"与大数据技术，加大管理会计与财务会计的整合力度，使二者在企业财务管理中发挥最大的效用。

设置独立管理会计部门。管理会计的主要目的是保证企业决策的正确性，确保企业可以最低成本获取最高效益，管理会计是企业会计的分支。管理会计主要涉及成本与管理控制两方面内容。以前，企业未设置独立管理会计部门，由财务部门负责财务会计与管理会计工作，导致员工职责不够明确，这对企业发展不利。为避免这一问题，推动企业稳定发展，企业需设置独立的管理会计部门。企业为降低经营成本，需积极融合财务会计与管理会计，以提高企业会计工作质量。企业需注意的是：在融合财务会计和管理会计时，需将财务管理与预算工作区分开，由不同的、独立的部门负责不同工作，这对保证财务管理工作效率具有重要意义。

随着知识经济时代的到来，财务会计和管理会计的融合是必然的，企业必须遵循国家的法律法规，建立健全会计制度，改变传统的意识，促进两者的融合。同时，要充分利用网络技术平台，做好两者之间数据共享，为企业的发展提高竞争力，使企业在激烈的市场竞争下能够稳定可持续发展。

第四节　网络经济时代下的财务会计管理

网络经济时代的到来为多个领域的发展均带来了较大的影响，财务会计管理工作作为企业发展中的重要管理内容，也会受到一定影响。借助网络技术与计算机技术开展财务会计管理工作已经成为提高财会管理效率和质量得到重要手段，同时，也表现出一定的弊端,在网络环境中存在的安全风险问题也会直接影响财务信息的安全性,这是我们需要解决的重点难题。文中,针对网络经济时代下,财务会计管理的管理问题进行分析,并且探讨提升财务会计管理的措施,希望可以有效降低网络经济对财务管理的影响。

科技水平的不断提高衍生了多种新技术,这些新技术在社会生产中表现出较好的应用成果,有效推动了我国社会经济的发展水平。其中不乏一些影响较为深远的技术,计算机技术的应用就标志着我国在科技方面的良好发展。计算机技术与网络技术的同期发展在一定程度上改变了人们的生活方式,为人们的工作与生活提供了诸多便利。对于企业管理的影响也是不可忽视的,尤其是财务会计管理工作要想适应当前的发展环境,就必须引入新的技术,从而提高财务信息的准确性与真实性,为企业的发展提供准确的信息支持。

一、现阶段财务会计管理工作的重点

在网络技术快速普及的基础上,计算机技术也已经逐渐遍布人们的生活与工作。企业发展的过程中,多种管理工作均会借助计算机技术来开展,利用相应的软件进行信息处理与核算,有效提高了管理的效率。同时,还可以保证对各类管理信息的及时同步,企业部门在进行信息汇报时也可以直接通过网络的形式实现。财务会计管理中涉及很多重要的数据与信息,在进行信息汇总与核算时如果能够借助计算机技术来完成,便可节省大量的核算时间,同时,也可保障核算信息的准确性。但从现阶段的财务会计管理状况来看,还存在财会人员技术水平不到位的情况,无法保证对计算机技术和网络技术的灵活影响,这也会对财会管理工作的顺利开展造成较大影响,此类问题已经成为当前财务会计管理工作中所面临的重点问题。

二、网络经济时代下财务会计管理中面临的问题

网络技术的大范围应用,使得各类生产活动以及管理工作效率都有了显著的提高,已经成为推动社会经济发展的重要力量。网络技术的推动性作用主要表现在为企业发展以及管理工作提供了多种便利,可以有效促进企业的经济发展水平,从而直接反映到社会经济发展方面。但同时对企业财务管理工作所形成的影响也较大,会严重制约财会管理水平。

下面就针对新的经济时代,财务会计管理中存在的几点问题进行分析:

法规制度有待完善。我国在步入市场经济时期之后,虽然取得了良好的发展成果,但发展至今还处于发展中的阶段,一些相关的法规制定还存在内容上的缺陷,并不能为相应的管理工作提供全面参考,这也会对管理水平形成一定的限制。尤其是受到网

络经济时代的影响，企业在发展的过程中面临着较大的变革，在管理工作中的不足也会愈发明显。由于法规制度的约束力度不够，不能规范财务会计管理工作的正确开展，这也是法律监督职能受限的重要表现。在此种发展形势下，有关网络经济活动的开展也会受到较大影响，从而威胁企业的健康发展。新的发展时期，企业的财务会计管理工作如果无法打破原有的限制，创新管理模式，必定会造成管理效率不佳的问题，限制企业的经济发展水平。另外，管理工作的开展，没有完善的制度和规范作为支持，也会导致管理混乱的问题发生。

财务会计信息受到安全威胁。企业的财务会计信息是反映企业最真实财务状况的数据信息，因此，这对于企业来说是极其重要的保密性内容，一旦信息被窃取或者泄露，就会使得企业的信息处于透明化状态，如果被竞争者所获得，或者被不法分子所利用，就会对企业造成绝对严重的后果，持续经营状态将难以保持。因此，企业的这部分不对外界公开的信息实际上就是企业的内部机密，特别是在以网络为主体的经济时代下，信息传播的范围及速度是不可小觑的，这就需要对企业的保密信息进行安全性保障。

在企业的日常运行过程中，信息泄露的危险性源头主要来自以下几点：

首先，是计算机本身的基础设备。这一方面的安全性是最难以掌握的，并且要想绝对避免几乎是做不到的，这是由于计算机组成中的部分程序本身就是不安全的，并存在一定的高运行风险，或者是计算机受到不明问题的影响，导致硬件设备成为主要风险源，但是这一问题并不是经常发生的。

其次，网络中有目的性的黑客入侵，或者是病毒传播，这种安全隐患的发生频率较高。这主要是因为这部分问题的发生是具有授意性质的，不仅攻击目标确定，攻击主体更是具有界限范围，主要就是为了窃取商业机密。

最后，是企业内部所致。工作人员在利益驱使下，严重违反职业操守，将财务信息在违反规定的情况下进行盗取泄露。

企业信息系统的建立脱离实际。企业信息系统的发展存在滞后性特点，这是以财务会计的实际操作系统为基础进行论述的。在社会不断发展的时代背景下，财务会计在日常工作中频繁应用的软件功能也更加趋于多样化，并不是仅仅局限于核算等根本内容上，涉及范畴中逐渐加入会计管理方面，这就使得以往的会计工作的流程及内容更加具有全面性特点。除此之外，相关的部分系统也更加符合应用标准，并显现出了细分化优势，但是目前财务会计日常使用的处理系统大多是通用型软件，并不具有针对性，这就使得软件的整体应用上具有一定的限制性，不仅不能够满足实际应用需求，更使得会计工作的工作量有所增加。

三、网络经济时代下提高财务会计管理水平的相关措施

注重立法。在当今社会,网络信息化已经深入到各个领域中,在为人们的生活及工作带来便利的同时,部分以网络为主体的犯罪形式也逐渐增加。而政府对这一问题的重视度也逐渐上升,这主要是因为网络在进行信息传播时可以不受范围限制,并且速度相当快,造成的影响也相对较大,因此,这对于违法犯罪形式将会直接影响着社会的安定程度。为了防止企业信息的泄漏,或者保障网络市场经济的正常运行,国家对相关法律法规进行强化及完善是极其必要的,这不仅需要对网络环境进行维护,还需要将以网络为平台进行的交易流程进行规范化管理。与此同时,我国已经存在的相关会计法律也需要在基础上进行补充,这主要是针对网络经济时代下的财务会计管理工作而进行的。

增强网络安全,消除信息风险。计算机技术和网络技术已经成为人们工作与生活不可缺少的技术内容,在实际应用的过程中给工作与生活带来了极大的便利,还为人们提供了更多的信息获取渠道,但同时也存在一定的安全问题。主要表现为,受到网络环境影响,很容易造成个人信息泄露。对于企业而言,信息泄露的危害无疑是巨大的,尤其是财务管理方面的信息内容,产生泄露或者被恶意篡改均会为企业带来较大经济损失。这就需要相关人员加大对网络安全的关注力度,通过设立防火墙和加设安全防护软件来提升系统安全,这也是现阶段进行网络安全防护的重要手段。就企业财务会计管理方面的网络安全防护工作来说,需要从以下几个方面着手:首先,要求相关的人员能够具备较强的网络安全意识,拒绝使用一切盗版软件,特别是对于一些储存机密文件的计算机设备来说,严禁在设备中安装盗版软件,这主要是由于盗版软件中会含有大量的病毒,一旦入侵电脑就会对文件和信息的安全造成极大威胁;其次,在电脑上设置多个具有病毒查杀功能的软件,并且帮助财会人员养成定期进行病毒查杀的习惯,同时做好网上下载文件的病毒查杀工作;最后,及时更新计算机系统和软件,确保对病毒查杀功能实时更新,从而提高计算机设备运行的安全性,降低财会管理的风险。

加大对应用软件开发的投入力度。现代财务会计管理工作的开展离不开计算机技术和相应软件的大力支持,要想进一步提高财会管理工作的水平,就必须对应用类软件进行不断研发,使其更加适应企业的财会管理工作。具体开发的过程中,也需要综合考虑软件的实用性能和适用性。具体而言,需要根据不同领域的管理特点,设计针对性较强的财会管理软件,从而为财会管理工作的有序开展提供支持。

注重人才培养。在企业之间的网络竞争日趋激烈的同时,会计工作从业人员的专业水平及综合素质对企业高效运行及长远发展来说是具有一定影响作用的,因此,提

高会计人员的整体水平对于企业本身是大有裨益的，这样企业的综合实力才会有所增强，并迅速抢占市场份额。以当前的现实情况为出发点，对企业中的会计人员的专业培养及能力提升应从以下几方面入手：首先，应将会计人员的专业培养方向向计算机方面延伸，使这部分工作人员能够将专业知识与计算机操作进行紧密结合，并在实际工作中能够高效地完成操作；其次，增强对会计人员的安全性保障意识，使其能够从根本上认识到自身工作中所存在的风险，并以此为基础，提高个人职业道德及操守，避免安全风险的发生；最后，对会计人员进行不断的专业更新教育及培训，使其能够符合网络经济时代下的人才需求。

  因传统财会工作发生了巨大的变化，财会人员的工作状况也发生了巨大变化。随着互联网经济发展，我们的生活环境发生变化，公司的交易速度有了大幅度的提升。互联网给我们的生活带来了改变，但同时也给我们的生活带来了一些问题，我们要利用好互联网给我们的高效与便捷，也要使财会工作得到良好循环，从而提高工作质量。

第八章 财务会计管理模式

第一节 企业财务会计管理中的内控模式

在企业现代管理中,企业财务会计内部管理控制是一项非常重要的内容。随着我国社会经济市场的迅速发展,企业之间的竞争越来越激烈,这就凸显了企业财务会计内部控制的重要性。目前,企业财务会计内部控制方面存在一系列的问题,那么就要提高企业财务会计内部控制效率,找出其中的问题,从根本解决企业财务会计内部控制中的问题。加强企业财务会计内部控制管理制度、完善企业财务会计内部控制制度等,都是提高企业财务会计内部控制的策略,能够有效促进企业的可持续发展。

企业财务会计内部控制指的是企业内部为了能够有效提高企业财务会计信息的质量及效率,使企业中的资产具有安全性、完整性,保证企业能够履行相关的法律规定,从而制定的控制方式、措施及过程。企业财务会计内部控制是企业内部的维护系统及预防警报系统,也是企业可持续发展的重要内容。创建健全的企业内部控制体系,完善企业内部控制监督和控制系统,加强企业财务会计内部控制,能够有效地促进企业管理朝着现代化的方向发展,从而使企业可持续发展。

一、企业财务会计内部控制现状及问题

自改革开放以来,我国社会经济呈直线上升趋势,尤其近几年发展飞快,在其基础上我国出现了各种企业。众多企业的开创和兴起,导致企业之间的竞争激烈,企业日日忙于外部竞争,提升自身的外部竞争能力,忽视内部的管理,会使企业财务会计内部控制失调,出现一系列的管理问题。

首先,企业财务会计内部管理人员没有明确的现代管理意识,企业内部没有规范的管理制度,人员控制意识较为薄弱,对于管理体制没有进行全面的创新和改革。企业财务会计财务方面没有明确的分工,导致财务会计没有规范的工作标准,影响企业的可持续发展。

另外,部分企业内部没有严格的资金财产清查制度,或者财产清查制度不完善,

这就导致企业并不了解自身有多少资金。还有部分企业中的内部审计没有发挥出自身的作用，其工作人员没有合理的分配，弱化了管理效应。由于企业财务会计内部管理工作制度混乱，导致企业中的会计信息及财产信息严重失真，出现虚假、捏造事实的现象，使企业在市场中的竞争能力下滑，影响企业的经济效益及可持续发展。

其次，部分企业为了使自己自身利益达到最大化，就要求部门经理掌握企业中的开销费用，但是并没有规定和制定具体的制度，这就导致部分人员浪费资源，在购买企业所需材料中资产大量浪费，使企业造成巨大的亏损。

最后，部分企业内部人员并没有根据规章制度履行义务，甚至还有部分人员利用规章制度中的漏洞占用企业中的资金、开设虚假发票。还有人员做出贪污、违法等行为，这都影响着企业今后的发展。

二、企业财务会计内部控制的基本策略

（一）完善企业财务会计内部控制机制

企业财务会计内部控制机制与企业的组成有着一定的联系，并且与企业运行中的变化也有着一定的关系，完善企业财务会计内部控制机制，是将企业财务会计内部系统组成相互关联、作用的形式，并且使这些形式相互衔接，从而实现企业内部控制的目的，使企业内部整体的运行更加顺畅。具体来说，企业财务会计内部控制机制包括企业财务会计中的所有因素，比如工作人员、资金、设备、发展计划、实施过程等等，企业要将企业内部控制看成一个整体的系统进行运作，使其内部的每个因素都可发挥出自身的作用，并且使内部的各个因素都可相互合作，这样才能规范企业财务会计内部控制，使其能够在企业运行中发挥出自身的效率。

企业的具体做法：首先，要将企业财务会计内部中的人员创建主管机构，使会计内部控制可正常的运行。其次，企业还要创建相关的法律规定，使企业中的各部门依法办事及工作。

（二）使企业财务会计内部控制机制可以正常运行

企业在完善会计内部控制机制之后，要以其为基础，对会计工作进行有效的控制，并且对会计工作的制度和核算进行有效的监督，使企业财务会计内部控制机制能够落实到位，正常运行。要求企业财务会计工作人员可以进行自我监督，还要有专业的人员对其进行监督，并且对外部的审计工作进行监督。具体包括以下内容：企业财务会计信息是否准确、合法及完整；企业财务会计账簿是否被伪造、销毁、造假等；企业实物及款项是否正确、符合实物，是否按照相关规定进行处理；企业资金收入支出是否全面，如果发现有问题应该及时制止并且予以纠正。

（三）提高内部审计中的事前、事中、事后监管

在企业内部经济监督管理中，内部审计是一项重要的内容，它在运行过程中可以发挥自身的审计职能，有效地监督企业中的经济活动，提高对企业内部的管理，从而提高企业中的经济效益，使企业可持续发展。值得注意的是，在进行内部审计时，如果发现企业中会计核算、资料、财产收入与支出、经济活动中存在一系列虚假、缺失、违法、失效等行为或者问题的时候，就先要保证企业内部的核算资料是真实且完整的，保障企业中的财产是安全的。事前监管主要是对企业财务会计内部控制中的制度、措施和制度措施实施的情况进行有效的监督及查看，使会计内部控制可正常有效进行。

总而言之，企业财务会计内部控制在各企业中都有着至关重要的作用，其也是一项系统化的工程。提高企业内部的管理，将现代化的管理落实到位，创建并完善企业财务会计内部控制，与企业外部监管相融合，并且在实践中发现全新的控制策略，使企业财务会计内部控制发挥出自身的作用，促进企业健康可持续的发展。

第二节　企业财务会计成本精细化管理模式

经济增长的大格局下，财务在企业发展中起核心作用，实施财务成本精细化管理将有助于企业财务的稳定，维持资金安全及企业稳健运营。只有建立完善的财务成本管理体系，才可以更好地为企业实施精细化管理工作保驾护航。本节深入分析企业进行财务成本精细化管理的重要性、精细化管理实施中存在的问题，并提出相应的改善措施，以期推动企业财务成本精细化管理的有效实施。

在现代经济发展的进程中，寻求经济效益的最大化一直是众多企业的追求。在这个过程中，财务成本精细化管理的模式，也在我国企业的不断摸索尝试中逐步运用，虽在推进过程中仍有许多问题有待解决，但其带来的效益也是显而易见的。企业也逐渐意识到精细化管理的实施已是时不待己，要更好的发展，企业要做的就是克服眼前的困难，解决推进过程中出现的问题，大力推进成本精细化管理的进程，从而增加企业经济效益和提高经营管理效率，促进企业健康发展。

一、企业财务成本精细化管理的重要性

（一）有助于提升企业经济效益

企业实行财务成本精细化管理，可以提升企业整体管理效率，从而促进企业经济效益的增长。企业财务成本精细化管理涉及部门广、人员多、流程细，除有利于各部门之间更好地协同合作外，还能提升企业的整体工作能力及效率、优化整体的内部生

产流程。由此，既可以避免产生不必要的重复劳动和造成资源浪费，也能使相关人员综合能力得以提升，有助于企业培养出综合性人才，从而可以在企业管理的过程中提出各方面的意见建议，为企业经济效益的增长助力。精细化管理模式的运用能将企业的管理职责和管理成果精细明确地反映出来，职责精细化是企业上传下达的有力保障，成果明确化是企业调整改进管理模式的参考标准，拥有上传下达的执行速度和明确的管理模式改进标准才能提升管理的效率，让企业在精细中谋效益。

（二）有助于降低企业财务管理风险

财务成本精细化管理能使成本支出更有计划且得到更好的控制。随着经济的发展，员工最低工资标准不断上调，导致人工劳动力成本上升；原材料价格的提升、销售渠道拓展成本的增长等因素，也使企业的各项成本支出不断抬升。而在成本上升的大环境中，企业一旦出现成本上升的幅度长期大于利润上升幅度，就会导致企业出现亏损，致使企业陷入发展困境，甚至使企业面临破产倒闭的风险。然而，企业进行成本精细化管理，可以使其对各种给利润造成不利影响的成本事项进行实时掌控，及时通过实施成本精细化控制方案，来对成本不利差异进行弥补。与此同时，企业的成本支出计划也能得到相应调整，使成本支出更加细化以得到更好的控制；这让企业更加清楚成本资金流向的同时，又能降低企业财务风险的概率，规避企业破产风险。

（三）有助于提升企业市场竞争力

企业推进实施财务成本精细化管理理念，并将其发展成一种企业文化，在一定程度上可以提升企业的市场竞争力。一方面，精细化管理某种程度上提升了企业的经济效益，使其在激烈的市场竞争下仍可以拥有效益上的优势，而在市场经济发展的大背景下，相同成本产出更高效益的企业无疑拥有更强劲的竞争力；另一方面，财务成本精细化管理，能助力企业由单一财务成本精细化管理向全面精细化管理模式迈进，促使企业整体的管理模式由粗放化向精细化转型。然而，这种在管理水平上的提升，是同行业的竞争者在短时间内无法效仿实施的。这就能使企业在行业内保持住自己现有的优势，为其在经营效益上取得新的突破争取到更多的时间，去寻找机遇和锻造新的竞争优势。

二、企业实施财务成本精细化管理中存在的问题

（一）缺乏成本精细化管理意识

在管理会计趋势下，企业管理层缺乏财务成本精细化管理意识，缺乏支持企业财务成本精细化管理的运行机制，从而无法推进精细化管理模式。然而，新模式的运用如果得不到领导层的足够重视，也会致使其形同虚设，那么企业在追求经济效益最大

化目标的路上就少了一个重要的途径。员工缺乏精细化管理意识，则会出现员工缺少主动探索学习的动力和提升自身精细化管理知识能力的热情，这不利于企业培养综合性人才，导致员工工作配合度不够，指令的上传下达效率低下，致使精细化管理制度推进进程缓慢。政府缺乏精细化管理意识，则会使精细化管理模式在企业的推进运用中，得不到相关政策的支撑和保障，新模式的认可度低下。而政府没有相关成本精细化人才的培养政策出台，会导致高校没有定向培养出一批具有综合性管理素质的财务人员的意识，成本精细化管理模式相关人员知识技能的培养，只靠企业来进行推进，那么这又是成本精细化管理模式在企业推行路上的一块巨石。

（二）缺乏完善的成本精细化管理制度体系

由于成本管理制度的不完善，原材料、低值易耗品等存货在采购过程中并没有采取货比三家择最优方式进行，在未能给企业带来采购质量和价格优势的同时，还可能由于过度采购而增加企业的仓储费用和保管费用，增加企业的成本支出。而机械设备等固定资产的采购缺少相关制度的约束，将使企业的折旧费用和维修费用增加，这会降低企业的经营效益。成本精细化管理实施制度的不完善，导致成本精细化管理模式未能引起足够的重视。对于员工，他们不能形成成本控制从自身做起的自觉性，导致其参与积极性低下，精细化管理推进缺乏落实度；对于管理层，实施制度的不完善引起重视度不够，在进行重大决策时则不会将成本管理纳入战略层面，无法让成本管理理念真正深入企业。显然，成本精细化管理实施制度的完善度不够，会阻碍成本精细化管理的进程，影响其成效。而成本核算制度的不完善，导致企业经营周期内产生的实际成本无法与事前预算的成本值做比较、找差异，不能明确问题产生的原因所在，也就没办法将责任落实到个人以及无法进行成本控制管理方案的改进调整。那么企业的管理模式就得不到优化，一直原地踏步就会被市场所淘汰。成本绩效评价制度的不完善，造成在实施成本精细化管理新管理模式时，企业不能很好地对实行这项制度的员工进行绩效考核和评价，制度落实好的员工得不到相应的奖励、没有认真落实的员工得不到相应的追责，这在极大程度上抑制了员工的工作热情和积极性。而考评体系样式丰富度不足，会让企业面临在不同的成本中心出现运营状况时束手无策的情况，让考评缺乏依据无从进行，导致精细化管理难以推进。

（三）缺乏健全的信息化管理系统

目前，很多企业财务管理已经开始实现自动化，着手运用一些财务信息化系统（ERP 等）来完成企业的成本核算工作，但大多数的信息化系统的运用仅仅局限在核算领域，在预算与分析控制方面涉及过少，只实现了自动化而未实现智能化。即使是在只实现自动化而正在努力开创智能化的大格局中，有些企业却还存在购买使用市场上同一化的信息系统，而不是根据自身需求定制适合企业的专属系统，这使信息化管理系统缺乏专一性和针对性，这不利于改善企业的成本管理模式。而企业要实施成本精细化管理，信息化系统的助力必不可少，倘若使用对企业精细化管理需求标准来说，不健全的信息化管理系统来进行核算，就会出现企业管理需求的细致数据系统无法提供的现象。虽然与大众信息化管理系统相比，定制系统的耗用相对较高，但如若连精细化管理最基本的需求都得不到满足，这无疑是企业在推行精细化管理道路上的一块拦路巨石。

三、优化企业改善财务成本精细化管理的举措

（一）增强财务成本精细化管理意识

在企业推行财务成本精细化管理模式，需要各方群体先拥有精细化管理意识。企业管理层人员是企业实施推进精细化管理模式的领军人，他们拥有清晰的精细化管理意识是企业实施精细化管理的保障。领军人不能有通过增收才可以提升企业的效益、达到企业目标利润的固化思维，从而只致力于销售收入的提升，却忽视了成本可降低的发展空间。当前，企业的市场竞争越发激烈，对消费者来说，物美价廉者定是首选对象，而企业在无法通过提升价格来达到增收目的时，通过实施成本精细化管理可使企业避免不必要的开支，这能有效地帮助企业实现利润最大化目标，且更好地在市场上占有一席之地。企业员工是企业实施推进精细化管理模式的主力军，因此，需增强自身的成本管理意识，不要盲目地认为成本控制只是财务部门的工作。然而，要实现财务成本精细化管理，就要求企业各个部门各个岗位的工作人员都切实参与、切身落实，员工要有成本管理人人有责、成本管理从我做起的意识。此外，政府是企业实施推进精细化管理模式的后备军，只有背后有足够的支持力，企业才能安心冲锋陷阵。这就要政府提升对企业管理模式转变的关注度，与此同时，可以出台和引进一些管理型财务人员的培养政策和方法，以及多支持管理型财会人员资格的认证并提升对持证人员能力的认可度和支持，高校进行综合性人才的对口培养，从政策上加大对企业精细化管理的支持。

（二）完善企业财务成本精细化管理制度体系

一是优化完善企业成本管理制度体系，实现各业务环节的流程再造。在成本管理制度上，企业进行材料采购时不能一味地追求材料价格的有利差，因为过度的有利价差可能会给企业带来更大的材料用量和人工效率的降低。在采购时要横向对比，在保证质量的前提下尽可能降低采购成本，但也要谨防因批量采购而导致仓储成本大幅增加。在生产管理环节企业要尽可能地优化其内部流程、减少不必要人员的分工、整合雷同的工作环节，降低不必要的耗费。对于期间费用可以采用作业成本法（ABC）来进行分配，确保成本能根据各项成本动因更准确地归集到各类产品中，精细化成本的

分配流程，让企业成本得到更准确细致的管理。在成本精细化管理实施制度上，企业对于精细化管理制度的实施要有上传下达之效。各项成本控制项目要精细到个人身上，确保实施过程有迹可循，减少员工因成本精细化管理实施意识不强、责任不清而出现惰性的情况。在各部门也可设置专门的成本控制人员，在监督成本精细化管理更好落实的同时，不断探索寻找成本精细化管理更广阔的途径。而管理层也要框进精细化管理实施制度中，要做到在一个项目投资前对其进行充分的现金流分析，综合判断项目投资的可行性，减少机会成本产生的概率和可能性，让成本精细化管理实施制度管控到企业的各个层面。二是制定精细化财务核算指标，推进成本绩效考核的顺利实施。在成本核算制度上，企业要明确好相应的财务指标，促使各部门协同合作，保证财务数据的真实性、准确性、及时性。在核算前可以借助管理会计思想编制弹性预算，预算编制过程中要谨防预算松弛，使预算数据对于周期内实际的成本数据具有可用可比性，从而在后期的成本核算时，有利于发现各个部分的有利差和不利差，督促企业继续保持有利部分而改善不利部分，而后为企业做预算管理和进一步调整精细化管理方案提供数据支持，让企业的精细化管理模式得到不断优化。在成本绩效考核制度上，企业可将不同部门的成本划分为可控成本和不可控成本两部分，且要根据不同时期和不同部分具体划分，对于短期来说是不可控的成本，但对长期来说却成了可控成本；对于一个部门而言是不可控的成本，但对于另一个部门来说可能是可控成本。各部门明确后可利于对其更好地进行成本绩效考核，而对于企业整体而言，可控成本也可得到更好的掌控。再则企业可借助管理会计中的责任中心制度，对不同的部门甚至个人采用不同的考核指标，拓宽考核样式的丰富度，也可以让员工更加明确自己控制成本的方向，有目的地进行工作。在企业对各项成本控制事宜落实都到具体的个人后，要将各项成本控制结果列入年末个人绩效考评内容，对完成结果良好的员工可采取升职加薪等奖励方式激励，对完成不理想的员工究其缘由，若是自身可控因素导致，则需进行相应的惩戒，以确保成本精细化管理制度在企业的推进有各种制度的保障。

（三）升级改进现有信息化管理系统

企业实施精细化管理也需要借助信息化的技术手段来为其更好地在企业运用保驾护航。这就要求企业在完善自身技术的同时要采用有针对性的、适合本企业的信息化系统，而成本精细化管理模式讲究的就是要将成本进行精确细致的管理，只有专一性强且适合本企业的信息化系统，才能为企业提供所需要的精确细致信息，在技术上满足企业成本精细化管理的需求。对于信息化系统，企业还可以在系统中建立中央数据收集平台，使各部门及时将自己的数据录入，形成数据流水，其优势在于：一方面，表现为相比人工收集数据的时间可大幅降低，让员工可以有更多时间致力于自身的工作和发展；另一方面，可以确保数据的完整性，降低数据丢失风险，更好地支撑企业精细化管理数据需求。如今信息化系统已经得到大范围运用，但多数表现在自动化录入和核算层面，而成本精细化管理模式的需求却不限于此，这促使企业要争取在实现自动化的同时努力创造"智能化"，企业可通过运用人工的前期预算、中期掌控、后期分析及反馈调整，让员工与信息化系统进行有利结合，使信息系统不只是停留在核算阶段，而向预算、分析等多方面拓展，促使信息化管理系统更好地为企业成本精细化管理助力。在当下经济发展的大趋势中，有的企业被迫转型发展，有的企业主动寻求转型发展；而在众多发展途径中，推进财务成本精细化管理模式已然成为企业谋求更好发展的必经之路，这对各企业来说既是机遇又是挑战，而企业也只有主动把握机遇才能勇于战胜挑战，走在前沿才能避免落后挨打的局面。

第三节　中小企业财务管理云会计模式

中小企业的财务管理是中小企业运营管理体系的重要一环，不断地提升财务管理的效能，促进企业财务资源的高度整合是当前中小企业财务管理的一个主要落脚点。云会计模式的出现，在一定层面上为中小企业财务管理提供了新的思路。本节尝试探讨在云会计模式下中小企业财务管理所面临的挑战以及今后的具体应对策略。

财务管理是一个系统的工程，不仅需要科学的财务理念的指导，也需要借助完善的财务软件及硬件的配合。随着计算机信息技术的不断发展，中小企业财务管理的思路进一步被拓宽，云会计模式更是将计算机与会计信息管理进行高度整合。本节尝试探讨基于云会计模式的中小企业财务管理所受到的影响以及今后的具体应对策略，对于促进中小企业财务管理体系的优化以及财务管理水平的提升有一定的积极意义。

一、云会计模式的内涵

目前，在整个学术领域，围绕云会计模式这一新生事物的概念还没有达成较为广泛的共识。一般来说，云会计模式是大数据、云计算等相关模式与会计模式整合的产物。从整体特点来看，云会计模式具有一定的虚拟性。云会计依托互联网进行系统的应用与升级，在云会计具体的功能实施中，公司无须进行任何软件的安装，也无须进行相关基础设施投资。公司相关的会计程序可以通过互联网浏览器进行访问，公司的财务信息上传到云端，公司只需进行浏览器浏览就可以进行财务数据的访问。

云会计通过网络资源将企业现有的会计管理相关的资源进行整合，在有效降低企业会计管理所需要的资源成本的同时，进一步提高资源管理的便捷性、安全性以及高效性。从我国的发展来看，一些企业已经开始通过云会计账户来进行云会计管理，在有效地提升自身的管理水平的同时，也进一步契合了整个市场高效化发展的要求。但是，我国的云会计模式应用，刚刚处于初级阶段，无论是在法律界定方面，还是在具体的应用层次都处于探索期。如何进一步应对云会计模式对我国中小企业财务管理的相关影响，提高中小企业财务管理的综合性能水平已经成为当前会计财务等诸多领域研究的主要方向。

二、云会计模式对中小企业财务管理的影响

从宏观层面来看，云会计模式对中小企业财务管理的影响主要体现在以下几个方面：

（一）对财务管理理念的影响

在之前的中小企业财务管理过程当中，单打独斗成为中小企业财务管理的一个主要特色。这就意味着企业在岗位配置以及相关的财务管理中都是以企业自己为中心。这虽然在一定层面上符合企业财务安全的需要，但是在某种角度也不利于企业财务的优化。尤其是随着经济领域之间合作密度和广度的不断加大，如何改变这一单打独斗的局面，进一步促进资源的整合，尤其是信息资源的整合是今后基于云会计模式下中小企业财务管理需要应对和提升的主要方向。

（二）对财务人员素养的影响

在进行财务工作过程当中，财务人员自身素养水平的高低，对于企业运营和发展扮演着极为重要的角色。从目前来看，一些中小企业财务人员自身的基于云会计模式下的相关软件操作水平还存在一些不足，很难胜任新时期会计管理的挑战。当面对企业发展以及面对企业发展的诸多阶段，还需要不断地立足于新时期云会计模式的影响，提升自身的媒体素养、信息素养以及信息检索和筛选能力。

（三）对企业会计运行环境的影响

在进行云会计模式应用下，企业不仅需要在必要的思维方面进行转变，还需要在当前的会计运行环境，尤其是会计的软件环境方面进行优化。云会计模式需要企业进行必要的资金投入来完善企业现有的会计管理软件以及预警体系。这就意味着，企业需要加大硬件建设。虽然在云会计模式下，企业无须进行相关财务软件的添加，相关的财务管理和数据通过上传终端来实现财务数据的管理，但是，云平台建设在我国尚处于初级阶段，基于云会计所需要的相关云计算硬件以及云计算软件并不是很成熟。这就会影响中小企业尝试的信心，当然也会对云会计今后的科学应用，改善中小企业财务管理效能提出了新的挑战。从目前来看，中小企业现有的会计信息化管理等相关的硬件储备并不是很足，这就在一定层面上影响了中小企业更好地迎接云会计模式所带来的挑战，也需要在今后的发展中进行系统的改进。

总之，从目前来看，云会计模式对中小企业财务管理理念、中小企业财务管理人员综合素养以及企业自身的财务运行环境提出了一些的挑战。这些挑战也为今后的中小企业更好地运用于会计模式优化自身的财务管理提出了更高的要求。

三、会计模式下中小企业财务管理存在问题的原因

在上文中，简要探讨了基于云会计中小企业财务管理所面临的诸多问题与挑战，导致这些问题产生的原因是多方面的。本节尝试从主观以及客观等两个维度来进行分析：

一方面，从主观来看。中小企业自身对云会计模式缺乏客观的认识是影响其云会计应用的一个主要原因。很多中小企业在自身的运营和发展过程当中，对于新生事物存在着一定的戒备心理。这就导致了云会计模式很难在中小企业进行推广和应用，尤其是在中小企业向前发展过程当中，云会计模式自身的一些风险系数也让很多中小企业产生了畏难和胆怯的心理。所以在今后的中小企业运营和发展过程当中如何解除解决其后顾之忧，更好地提高云会计模式的应用效果，应该是今后该领域提高的主要方向。

另一方面，从客观层面来看。相比较而言，我国的云会计模式还处于初级和探索阶段，相关公司虽然出台了云会计模式的软件，但是在具体的落地实施方面还有一定的差距。再加上我国围绕云会计模式相关的法律体系等方面还存在一定不足。一旦出现云会计信息数据丢失，相关的法律追诉问题也有待进一步的完善。因此，在今后的云会计模式具体应用中，还需要在客观环境尤其是制度体系方面进行系统的完善。

总之，无论是客观体系方面的原因，还是主观观念方面的原因，这些都在一定层面上制约了云会计模式在中小企业财务管理中的应用。这些也成为今后中小企业优化发展的主要方向。

四、云会计模式在中小企业财务管理中的发展分析

为了更好地提高云会计模式在中小企业财务管理中的应用水平，本节在借鉴相关研究成果的基础上，尝试从以下几个方面来提出今后的发展建议：

（一）革新财务管理理念

妇幼保健机构往往对专业医疗队伍的培养充分重视，但在档案管理人员培养与管理方面重视度不足，很多档案管理人员专业素养较为落后，没有相关培训进修机制，在当前档案管理工作中无法满足现实需求。另外，当前很多档案管理人员理论技术、管理经验较为缺乏，非常容易影响到档案收集管理工作的完整性。

(二）切实提升财务人员信息素养

在今后的中小企业科学运用云会计模式过程当中，其自身的财务人员应该与时俱进。一方面，在自身的专业技能，特别是云会计模式下相关技能等方面进行强化。企业可以通过岗位培训等方面来进行夯实基础。另一方面，还应该在必要的岗位设置方面，加大对云会计相关监管体系的完善，避免在财务人员自身工作过程当中存在的监守自盗以及信息造假舞弊现象。只有这样，才能更好地保障云会计模式的科学效果的发挥。

（三）积极健全制度体系

为了更好地满足云会计模式的科学发展需要，在今后的我国云会计模式的落地应用的过程当中，企业以及相关的组织部门应该围绕云会计模式发展特点以及中小企业财务管理的需要不断地在制度体系方面进行完善，尤其是完善司法保障体系。通过法律的保障来更好地促进云会计模式的科学应用，对于违反相关规定的责任人第一时间进行处理将可能产生的损失降到最低。只有这样，才能最大层面优化云会计运行环境。云会计模式对于整个中小企业财务管理以及我国财务管理体系的优化有着极为重要的影响。在今后的发展中，相关部门应该不断地基于云会计的发展趋势，制定具体的云会计管理系统性能评估制度。

总之，在今后的云会计模式运行和发展过程当中，企业和个人应该不断地进行云会计模式发展理念的革新以及相关环境的优化。只有这样，云会计模式才能够在中小企业得到更大化的应用。

本节主要探讨了云会计模式的出现对我国中小企业财务管理所产生的影响以及在其影响下中小企业财务管理所面临的发展挑战。在借鉴相关研究成果的基础上，探讨了未来中小企业科学运用云会计模式的主要思路。希望本节的研究，能够有助于我国云会计模式以及企业财务管理等相关理论研究的深入和完善。

第四节　企业会计电子档案管理财务共享模式

在财务共享模式下，企业会计电子档案管理发生了变化，与传统会计档案管理相比具有便捷性、实时性和高效性等新特点。但也面临着新问题，包括档案存储存在较大风险、信息系统接口无法对接、档案管理制度不完善、档案管理人员素质不高等。可采取加强档案管理软硬件设施设备建设、实现档案信息系统接口对接、制定完善的会计电子档案管理制度、提高会计电子档案管理人员业务素质等举措。

财务共享模式是一种区别于传统财务管理的全新模式，其实质是企业在信息技术背景下，将各分公司或子公司的大量财务工作交由财务共享中心来处理，因而这一模式能够提供流程化、标准化的财务管理服务。在财务共享模式下企业会计电子档案管理发生了变化，与传统会计档案管理相比出现了新特点、新问题，笔者就此进行分析，并提出在财务共享模式下加强企业会计电子档案管理的若干对策。

一、财务共享模式下企业会计电子档案管理的特点

财务共享模式下企业会计电子档案管理，将会计信息系统、银企直联系统、影像管理系统、资金管理系统等实现串联、集成，并对会计电子档案进行收集、分析、处理、汇总、利用。基于财务共享模式的企业会计电子档案管理呈现出便捷性、实时性和高效性的特点。

一是便捷性。企业通过影像管理系统对收集来的原始会计凭证进行扫描后上传至财务共享云平台，在云平台上企业利用会计信息系统，如用友、金蝶、SAP等对原始凭证进行处理生成电子会计凭证，再对电子会计凭证进行处理生成各类账表，如现金日报表、总账、明细账、多栏式明细账等，最后生成资产负债表、利润表、现金流量表等各类报表。此外，在财务共享模式下，企业与银行的连接方式发生变化，企业可直接通过银企直联系统获得完整的银行电子回单，并根据银行电子回单生成会计电子凭证，实现电子对账。

二是实时性。传统的会计档案管理模式不能实现数据的实时更新，而在财务共享模式下原始会计凭证通过扫描上传到云平台，可即时生成会计电子凭证并在系统中生成各类报表，为决策提供服务。以费用报销流程为例，首先，员工在出差时通过信用卡消费产生的费用数据，能够实时传递到企业云平台上。其次，员工在报销费用时根据报销内容选择特定模块，并根据报销金额以及报销事项进行填写；财务部门只需将云平台上的数据与员工填写的报销事项进行核对，如信息一致即可将这部分数据传递到银行系统中，由银行完成费用支付。最后，企业云平台的会计信息系统根据发生的业务自动生成相应的会计电子凭证，进而生成会计电子档案。

三是高效性。基于财务共享模式的企业会计电子档案管理，能实现企业会计电子档案收集、处理、分析、利用的一体化，档案管理具有高效性。而传统的会计档案管理要耗费大量的时间与精力，如需要打印大量的电子凭证。

此外基于财务共享模式下的会计电子档案管理，能够实现档案信息一体化管理。具体来说，会计电子档案可以在企业不同部门（如采购部门、销售部门、仓储部门、财务部门等）之间传递。如采购部门进行采购时，采购员在采购系统生成采购订单、采购到货单、采购发票等，其中采购发票传递至财务部门的总账系统，采购到货单传递至仓储部门生成采购入库单。不同单据在不同部门之间传递，实现信息的实时共享。

二、财务共享模式下会计电子档案管理存在的问题

其一，会计电子档案存储存在较大风险。首先，计算机系统存在网络安全隐患。传统会计电子档案只需实现企业内部联网，而基于财务共享的会计电子档案则必须实现外网连接，在外部网络中会计电子档案信息存在较高的被窃取、被人为篡改或删除的风险，且不法行为一旦发生还不容易被发现。

其二，信息系统接口无法对接。基于财务共享的会计电子档案信息在不同系统（会计信息系统、银企直联系统、资金管理系统）之间进行传递，若不同系统之间不能实现无缝对接，则系统之间的数据信息无法传递，财务共享很难真正实现。因此，在架构会计信息系统时，应充分考虑数据信息在不同部门之间的传递，实现数据信息的无缝传递。

其三，会计电子档案管理制度不完善。很多企业高层管理人员思想观念较为保守，没有充分认识到会计电子档案对企业的重要性，故没有制定工作制度，更没有提供工作所需的人、财、物支持。

其四，会计档案管理人员素质不高。基于财务共享模式的会计电子档案管理，对企业的会计档案管理人员提出了更高要求。首先，会计电子档案管理人员需要具备会计电子档案管理的意识，但目前他们的工作思维仍停留在传统的会计凭证、会计账簿、会计报表等的管理上，缺乏对财务业务发生过程中形成的会计档案资料进行管理的意识，造成的后果是会计电子档案不能及时归档。其次，会计电子档案管理涉及会计软件应用、管理系统维护、网络安全等方面的专业知识，需要会计电子档案管理人员掌握这些知识，但他们普遍存在专业知识缺乏、知识结构不合理等问题。

三、加强财务共享模式下会计电子档案管理的若干对策

（一）加强档案管理软硬件设施设备建设

配备保存会计电子档案的专用机房，做到防火、防水、防震。加大计算机硬件及存储设备的投入，配备先进的计算机硬件设备，满足会计电子档案管理对硬件设备的要求。加大管理软件的投入，及时与相关的研发企业如会计信息系统、银企直联系统、资金管理系统等的研发企业保持联系，及时升级系统。加强网络安全管理，及时开展计算机系统病毒防范工作，如安装杀毒软件、安装防火墙等，保证会计电子档案存储安全。

（二）实现档案信息系统接口对接

一直以来，如何将企业自身系统与财务共享中心云平台实现无缝对接、建立统一

的信息系统接口,都是一个难题。浪潮集团提出了企业信息系统与财务共享中心云平台对接的解决方案,实现企业系统与财务共享中心云平台的对接;而中国联通依托企业资源计划系统(ERP系统),规范会计电子档案的文件格式、接入频率等,并制定会计电子档案的接入标准,实现ERP系统、资金系统、报账系统与云数字档案馆系统之间的无缝对接,使会计电子档案顺利归档。

(三)制定完善的会计电子档案管理制度

2015年,财政部、国家档案局联合发布了新的《会计档案管理办法》,新管理办法与1999年施行的《会计档案管理办法》相比有很多新内容,其中第七、八、九条对会计档案管理进行了新的规定,如规定单位内部形成的会计电子档案资料可仅以电子形式保存、附有电子签名的单位外部形成的会计电子档案也可仅以电子形式归档等;第十条至第十九条对会计档案的归档、利用、保管、销毁等进行了明确。企业可根据新《会计档案管理办法》要求,积极建立会计电子档案管理制度,明确会计电子档案保管、借用和归档、备份等工作要求。比如建立会计电子档案查阅制度,规定查阅会计电子档案需得到财务部负责人的同意,并按照会计电子档案查阅流程严格执行,相关人员无特殊理由不得修改、删除会计电子档案;若确实需要修改会计电子档案,修改后需重新进行审核和归档。如中国联通制定了《中国联通数字档案馆档案分类规则、归档范围及保管期限规范》《中国联通会计电子档案归档范围》等规则,确保企业会计电子档案管理有序进行;建立了严格的档案安全权限控制系统,严格控制会计电子档案的查阅权限,敏感的会计电子档案只能通过办理相关手续后查阅;还专门建立了数字档案馆系统,将会计电子档案保存为SWF文件格式,确保文件只能浏览不能修改。

(四)提高会计电子档案管理人员业务素质

在财务共享背景下,财务部门的一部分人员必将实现转型。据调查,一部分企业采取就地安置财务人员的办法,一部分企业选择部分优秀的财务人员进入财务共享中心,部分员工转岗至企业其他部门,如销售部门等。对于留在财务部门或者进入财务共享中心的人员,他们的一项重要工作任务就是要管理好企业电子会计档案。首先,要正确地认识到会计电子档案管理的重要意义,树立正确的工作理念,并认真学习《会计档案管理办法》等相关规定,不断提升档案管理业务能力;其次,要懂得会计工作、会计软件应用、管理系统维护、网络安全等方面的专业知识,只有这样才能胜任财务共享模式下的会计电子档案管理工作。

第五节　企业财务管理会计集中核算模式

会计集中核算是近几年来许多企业为了适应市场环境的变化实行的一项新的会计核算制度。会计集中核算可以起到规范企业财务行为、提高资金使用效率、降低筹融资成本、提高企业会计信息质量的作用，对提高企业会计人员的业务素质也发挥了积极作用，但是实际工作中该模式确实显露出一些问题和不足。财务会计管理工作是关系企业发展的核心问题，为了进一步发挥会计集中核算模式的作用，解决目前已经出现的问题势在必行。本节介绍了Y家居在实施会计集中核算中遇到的问题，并提出了相应的解决措施，以期对实践工作有一定的指导意义。

随着我国经济的快速发展，企业规模不断扩大，经营形式也日益多元化。在这种情况下，企业财务会计管理工作作为企业经营管理工作的关键也随之进行着深化的变革。许多企业改变了原有的会计核算模式，开始实行会计集中核算。这种财务管理方式实现了各个下级单位共性财务工作的集中管理，是实现企业价值最大化的一种先进财务管理模式，是对企业尤其是集团企业人、财、物等资源整合配置的一种有效管理机制。Y家居自2005年开设第一家外地分店开始即实行集中核算制度，到目前为止，各个门店的资金管理、账务核算都由总部财务部统一集中管理。这些年在实施过程中，虽然不断地根据实际情况进行完善，但是目前仍存在着一些亟待解决的问题，本节就目前Y家居财务会计集中核算管理中存在的一些问题进行了探讨和分析。

一、会计集中核算模式对企业财务管理工作的影响

会计集中核算对会计核算口径进行统一规范。会计集中核算的管理模式是在实际工作中对同一或类似的经济事项运用统一的核算方法进行会计处理，使会计基础数据具有同一性，各项报表及数据的收集更加规范、有效、准确，提高了会计信息的质量。总部可以通过会计账面的数据了解、分析所属门店的各项财务信息，及时把握经营情况，做出合理的经营战略调整及部署。

会计集中核算有利于实现资金统一管理。实施会计集中核算可以将所属门店的资金集中统一调配管理，减少企业内部资金冗余沉淀，改善资金结构，切实提高资金使用效益。同时，资金的统一管理有利于降低筹融资成本，减少资金运营风险，提高企业资金安全系数。

会计集中核算可以提高会计人员工作效率。首先，实施集中核算后，Y家居总部统一设置核算人员，根据目前的工作量及会计电算化水平，一般可以一人管理两家门

店；其次，核算人员集中，方便了人员管理及信息共享，有利于各项财务数据及财务报表的及时准确出具、上报，有利于提高会计报表的准确性。

会计集中核算有利于高素质会计队伍建设。Y家居近几年培养财务人员基本是按照一线实习、出纳岗位、资金/税政/核算岗位、门店财务负责人的流程来进行的，集中核算模式的实施为人员培养提供了平台，很好地提高了财务人员的业务素质、管理水平及沟通能力，培养了多位门店财务负责人，为产业的壮大和发展提供了保证。

二、Y家居会计集中核算的现状

Y家居目前集中核算的门店在总部财务部设专门核算人员，专司相关门店的凭证审核、记账，报表出具，相关数据、报表报送，配合年报审计、年度目标考核，门店账务工作业务指导等工作。门店财务部门设置财务负责人、出纳、收银人员、收费人员。相关业务原始单据每月由门店财务人员定时传回总部财务核算人员处理。每年年度终了，核算人员将门店相关凭证、账页等原始资料整理装订完毕，交回门店存档。

各店日常资金由总部财务部统一管理，定时对门店进行资金拨付。筹融资事项由总部财务部统一管理。各店财务负责人由总部委派，负责门店财务人员管理及其他财务相关工作，部分财务负责人兼任综合部负责人。

三、采用会计集中核算模式下企业财务管理存在的问题

实施会计集中核算是改变传统企业财务管理模式的一项新举措，是为了更好地适应企业发展做出的变革。实施会计集中核算后，各门店的资金管理、会计核算职能交给了总部财务部门，门店不再掌握这部分财务工作，但各门店仍是会计核算的主体，承担会计法律责任，由此不可避免地会出现责权的错配及不协调。现阶段，Y家居实施会计集中核算出现的问题主要体现在以下三个方面：

（一）管理者对会计集中核算的认识不到位

如何发挥会计集中核算的优势，使其更好地为企业发展服务，需要在逐步实现会计核算集中化的过程中总结和完善，这是一个循序渐进、逐步改革的过程。实施会计集中核算的本意是规范会计基础工作，保证会计信息的真实，提高资金使用效益。但是在实际工作中，许多管理者认为将门店的资金归集起来，对门店账务统一处理就实现了集中核算。同时，由于门店不再设置核算人员，门店负责人对财务管理工作也不再重视，认为只要总部收上去了就是总部的工作了，不再是门店的工作，只要所需资金可以按时拨付就不再管其他；而总部会计核算人员也只是在为门店记账，只能看到原始单据是否合法有效，而对相应实际经济活动的合规合法性无法保证。认识上的偏差，使会计集中核算的优势并没有得到充分发挥。

（二）财务管理工作和内部监督弱化

实施会计集中核算后，会计核算人员集中到总部办公，脱离了各个门店具体工作环境，很难真实地观察到门店日常发生的经济事项，而且一个核算人员往往要同时负责至少两个门店账务工作或者是其他总部相关工作，无力掌握每个业务细节，看到的只是在业务发生之后的相关发票、收据、说明、报告等，这些成了会计审核监督的对象。但是这些原始凭证是否能够真实客观地反映相关经营业务的实质，就不得而知了，会计人员难以掌握第一手经营资料，从而使会计监督难度加大。在实际工作中，总部核算人员往往由于不了解门店经济业务的全貌，会对门店的某些经济业务产生以偏概全的误解，从而影响业务处理，增加工作的时间成本。

实施会计集中核算后，所属门店部分财务会计工作转移到总部，门店内部会计与出纳牵制机制消失，门店出纳有时候履行了会计出纳双层职责，加上部分门店的财务负责人还兼任综合办公室的工作，对财务工作的关注力被分散；而核算人员又只是坐在办公室里做账，强调会计核算表面上的监督，这就使会计职能不能充分发挥，大大弱化了会计的预测、分析、管理、监督等职能。核算人员业务水平的参差不齐，也使对所属门店的监督会流于表面化、形式化。

按照Y家居现有的集中核算模式，总部核算人员主要通过门店财务负责人了解门店业务情况。但是财务部门在门店的组织架构中是在综合部下的一个科室，部分门店财务负责人要兼任综合办公室的工作，与门店负责人有一定的从属关系，从而使其对财务工作的关注度不够，独立性也不够。因此，实施会计集中核算后，会计工作在监督和服务方面都有所打折。

（三）沟通不畅，考核约束机制不合理

实行会计集中核算后，各门店撤销了会计核算岗位，在总部财务部设立核算人员分管各门店会计核算业务，但是各门店仍是会计主体，承担会计法律责任。由于各门店实际情况不同，在门店新开或是门店财务人员暂时缺岗的情况下，门店财务负责人需要总部核算人员承担更多的财务工作。但是总部对核算人员的定薪及考核都是根据所处岗位来核定的，并未涉及其具体管理的门店及工作量，这就造成了总部核算人员与门店之间会有工作推诿、沟通配合不畅的情况。这种情况在总部核算人员紧张工作量较大或是门店新开各项业务不成熟的时候比较突出。

四、完善企业会计集中核算模式的对策建议

（一）转变观念，提高认识

会计集中核算有利于提高资金使用效益，提高会计信息质量，降低企业经营风险，

是企业财务管理改革的要求和趋势。所以要提高各级管理人员对会计集中核算的认识，取得其支持和配合，转变会计核算观念。对门店一把手要有针对性地加强管理意识引导，使其明白会计集中核算对企业发展的好处，同时，会计集中核算并没有改变门店的法律主体地位，会计原始资料来源未变，会计核算基础未变，资金使用权和财产所有权未变。各门店仍是会计责任主体，要对会计核算资料的真实性、完整性负责。Y家居总部财务部门负责会计集中核算工作，需要与各门店形成良好的业务互动关系，做好沟通配合工作，保证会计集中核算工作顺利开展。

（二）加强制度建设，提高核算水平及服务意识

一方面，进一步完善会计集中核算工作规范，以保障资金安全为核心来梳理工作规范，查漏补缺。所有会计人员要严格按照规范来进行操作，统一认识、统一做法，切实做到同一类业务会计处理一致，避免十个会计九种做法。另一方面，具体负责会计集中核算的人员要树立为门店服务的意识，提高服务质量与服务效率。同时，正确行使监督权力，使自身真正成为总部与门店之间的桥梁，通过自身的工作为门店管理建言献策、查漏补缺。

（三）转变企业会计职能，由核算型向管理型转变

建立会计集中核算，是将会计核算和资金管理从门店的财务部门分离出来，纳入总部进行统一管理。但是仅仅将其作为记账和归集资金的机构是远远不够的，要加强对门店各项经营活动事前的控制和反馈，在事前就应该明确款项是否该支付、何时支付、单据何时收回、审计结果何时出具等一系列问题。而不是等事情已经发生，款项已经支付后才能明确这些问题，真正从源头上解决问题，防患于未然。只有这样会计集中核算才能获得更大更好的发展，才能为企业经营者提供科学的决策依据和建议，防范经营风险，提高经济效益。

（四）加强会计队伍建设，建立健全激励考核约束机制

会计集中核算的应用和发展，要求会计人员不但要有过硬的专业知识，还要了解企业的经营模式及经营流程，具有一定的沟通协调能力等，这就对会计人员提出了更高的职业要求，必须不断学习、充实自己，以达到企业发展的要求。同时，应该建立健全会计集中核算人员的激励考核约束机制，根据其所管理的门店结合实际业务量进行考核和激励，鼓励其提高服务质量，寓监督于服务之中，做到监督与服务的统一。

（五）明确责权关系，增强责任意识

实施会计集中核算，并没有改变门店的会计主体地位，原始凭证的来源并没有改变，门店相关人员还是要对会计资料的真实性和完整性负责，要对门店的经营风险负责。总部财务部门在集中核算工作开展的过程中，应该切实地将管理监督工作落实到

位，不断地针对企业实际发生的经济业务进行核算，发挥企业内部管理监督工作的实际效益。

综上所述，会计集中核算是现代企事业单位适应企业发展做出的一项财务管理模式的改革，在企业财务管理中起着越来越重要的作用。这种方法虽然在实际应用中具有很好的可操作性，但也存在一定的问题，需要在实践过程中根据企业实际经营情况不断地加以完善，使其向更科学、更合理、更加适应企业发展的方向转变，充分发挥其促进企业发展，实现企业价值最大化的作用。

第六节　企业财务会计目标成本管理模式

财务是企业经营发展中至关重要的一个管理内容，有效的财务管理是企业得以健康发展的基础保障。本节在企业财务管理的研究中，主要对目标成本管理模式的应用以及效果进行了分析。

在企业管理中，其核心管理体现在财务上，企业的经营状况经由价值形式展现。而成本管理又是财务管理工作中的重点内容，因此构建科学的成本管理模式对于企业整体财务管理水平具有重要影响。

一、财务会计成本管理的发展

在财务管理出现的初期阶段，财务管理仅仅是企业中一个附属部分，缺乏独立的管理理念。在工业革命后股份制企业实现快速发展，为获取到发行股票的资金，促使分配效益得以提升，财务管理逐渐向规范化方向发展。但是在进入计划经济的初期，财务管理的目标并非是企业效益，而是实现平均主义。在改革开放的推进下，经济市场发展迅速，也间接地影响到企业财务管理变革的关键因素。在此阶段企业财务管理逐渐形成规模，成本管理也越来越受到各企业的关注，并发挥着至关重要的影响作用。财务成本管理的覆盖范围极大，具体涉及对产品研发与生产期间的成本控制、对产品宣传环节的成本控制等，为此，对于管理人员也提出了较高的要求。

二、目标成本管理

（一）目标成本管理的界定

目标成本管理概念的基础是目标成本，目标成本具体是在一个周期内为确保目标利润实现而设定的一种预计成本，是成本预测与目标管理相结合的产物。目标成本具有多种表现形式，常见为计划成本与标准成本。在目标成本设计过程中，需要充分结合企业整体发展战略目标，在设计完成后可辅助管理者进行成本的预测以及成本管理决策。

综上所述，目标成本管理所指向的是结合企业战略目标，将数据采集与分析作为核心，辅助企业决策层实现成本预测与决策。同时，对目标成本进行分解，经由控制分析与考核评价等手段执行成本管理。在目标成本管理中，目标成本设计与核算作为前提条件存在，其根本目的是实现企业效益最大化，以及促进可持续发展。在企业中推行目标成本管理有助于进一步强化成本核算能力，企业内部也能够树立起人人关心成本的企业文化，便于落实经济责任制。另外，执行目标成本管理法对于激发员工的工作积极性、促进成本下降等也均具有积极作用。

（二）目标成本管理基础环节

实施目标成本管理法的首要工作是将整个企业形成一个责任中心，再分别设置财务与研发以及生产等多个部门，而其中财务部门属于此责任中心的关键部门。在构建责任中心后，要求中心内部所有工作人员均能够明确自身在企业发展与成本管理上所承担的责任。其次，设计科学合理的目标成本。在此环节中，主要内容是明确目标成本管理对象。在确定管理对象之后，依据可行性原则进行目标成本设计。目标成本设计的具体流程为：结合企业战略目标或年初设计的收支预算目标确定目标成本的总额；将目标成本总额分解到各个部门，确定产品生产或研发以及行政管理等各个部门具体的目标成本额。最后，结合各部门被分配的目标成本额，设计各部门的目标成本管理方案，确保成本管理责任落实到部门及个人。

三、企业目标成本管理模式的创新

（一）成本管理创新方向

在以往的目标成本管理状态下，常规所应用的手段是增加产量，由此促使单个产品的成本得以下降。实际上此种办法仅仅是针对成本管理的初级形态，社会经济的快速发展促使财务管理形式也逐渐向多元化方向发展，决定着企业应该实现财务管理模式的转变，最终实现强化成本控制的效果。在现代经济体制中，消费者在商品选择中除倾向于对质量的关注之外，对产品外形与功能以及品牌的要求也在逐步增加，为此，企业方面需要加强关注附属功能服务的设计。以往管理模式无法在满足成本管理的实际需求，需要结合经济发展形势，针对消费者产品关注点实现财务管理目标成本创新。

（二）树立全新的成本管理思维

在推行目标成本管理过程中需要结合企业当前成本管理情况，树立起更科学且具有针对性的成本管理观念及思维。

①在企业成本绩效评估环节，财务部门不能将经营成本的增减视为唯一评价标准。财务部门需要对成本的消耗与增效做综合分析，只有这样才能够为目标成本管理的推行提供全面参考。

②财务部门需要客观地认识到目标成本管理工作需要渗透企业经营的全过程，为此，应该做好对企业日常经营与管理各个环节的成本控制。形成全过程成本控制的目标成本管理思维，结合各经营环节的特征设计出针对性的成本控制策略，确保发挥出最大化的成本管理效果。

（三）产品设计与售后成本管理

针对产品数量与总额的成本控制，是企业传统成本管理。成本管理计划的设计所参考的是企业的实际经营情况，由此对产品生产情况实施动态监督。在市场经济的不断变动下，针对成本的管理不能仅仅依附于生产过程的控制，要求企业结合市场导向作用，在产品设计到售后的全过程中关注成本控制，强化成本作用的发挥。同时，还需要强化针对效益与成本的内在关联，制订最为理想的目标成本控制方案。

（四）成本管理渗透全过程

生产部门与会计部门的规划并非涵盖了成本管理的所有内容，还应该进一步了解产品成本动因，促使目标成本管理经济效益实现提升。目标成本管理属于企业发展的关键构成部分。生产环节中产品消耗与成本管理等均属于财务管理中目标成本的关键内容。同时，还应该全面对市场发展规律进行调查，由此对企业实现内部调整，强化各部门之间的配合以及与市场的衔接。另外，在信息技术的高速发展中，企业的发展环境也出现了转变，企业需要做的是迎合经济一体化机遇，合理应用现代经济技术，由此促使成本控制手段实现优化。总而言之，若想实现目标成本管理的创新，不能仅仅在生产环节实现成本控制，而应该在提升效益、销售成本等多个方面进行，参考企业发展状况持续优化目标成本制度。

（五）时间成本控制

如何强化企业技术改革，提升企业发展以及生产速度，发挥出经济效益最大化的目标，是现代企业价值链的关键。从这一发展规律来看，若想在竞争日益激烈的市场中不断提升自身优势，于目标成本管理期间还需要加强对时间成本的关注。时间成本控制力度的增加，一方面能够推动企业目标成本实现；另一个方面还可促使企业快速占领市场、缩短决策时间、争取到更大资源优势。另外，在迎合用户需求的基础上实现成本控制，为此消费者也并非凭借一个因素实现产品选择，除质量之外还涉及更多附加因素。从这一点来看，还应该加强对售后阶段成本的预测，在市场经济发展规律中，强化实践成本管理，有助于推动企业规范化的管理。

针对企业目标成本的管理，不可将单一视角作为着力点，需要着眼于企业发展需求,提升对成本规范与核算的计划,实现强化管理水平的效果。在构建成本管理目标后,生产实践期间需要做出可靠的资金规划,优化管理模式,促使企业资金能够实现规范化运行,其整体效益也能够进入最为理想的状态。在目标成本管理中,目标的明确至关重要,可参考各级各部门职责实现分解,促使各级各部门结合分解后的目标成本小项开展各项工作。

第九章 财务会计管理的实践应用研究

第一节 智能财务在管理会计中的应用

管理会计属于内部会计的范畴，侧重于对过去进行分析，进而对企业未来进行预测，为管理层经营决策提供各种预测分析数据，提高企业经济效益。财务会计主要是根据企业过去一段时间的业务进行归集、整理报告所形成的财务信息。财务报告除提供企业管理层做相关决策外，还要提供给外部投资者及相关部门。

一、智能财务在企业管理中的作用

随着大数据、信息化的发展和普及，日常财务管理更加自动化和智能化。因此，智能财务应运而生，使得财务管理重心从繁重的重复工作转变为以管理会计为核心进行相关的预测、决策和分析。智能财务使企业信息化进入新阶段，促进财务职能转型，为财务管理提供了工具和手段，也为财务转型提供了数据基础，使财务参与业务活动和决策变得更加容易，内部控制更加有效。

二、智能财务助推管理会计发展

（一）智能财务提高财务工作效率和准确度

企业在日常经营活动中，面临的环境复杂多变，无法完全避免各种风险，因此，财务人员必须要树立风险意识，及时发现风险点，采取措施规避风险。随着信息化的发展，财务人员可快速、全面、准确地获得相关信息，再结合财务人员了解企业运营状况为企业经营决策提供依据。现代企业经营管理模式不断变化，会计的管理职能也越来越重要，管理会计模式的好坏直接影响到企业的发展。如笔者所在单位是差额预算单位，每年人员经费都有一定缺口，需要靠对外承揽项目进行创收，以弥补人员经费缺口，创收的收益如何公平分配、如何激励员工创收的热情等，若要解决这些问题，财务部门就必须有一套科学的薪酬分配和奖惩体系，这个分配体系包括各部门每年创造的业绩、产值、净利润、员工分配系数等,通过综合分析后得出结果。如果在分析的过程中运用纯手工操作,那么效率和准确度将大受影响。但如果引用智能财务把日常影响分配的各种财务数据提取后进行分析,就会大大提高工作效率和准确度。因此,必须制订出科学合理的分配方案,为管理层决策提供依据。

(二)智能财务开拓管理会计的视野

开展绩效评价,对员工完成产值、利润正确评估是管理会计的一项重要职能。产值的完成、业绩评价、经营决策都需要管理会计提供信息,可以使决策层更好地了解企业的生产状况、财务风险。管理会计在企业业绩评价中起到了关键作用,员工业绩的评价需要有科学的考核体系来完成,并通过业绩的考核来实现自身价值并获取相应报酬。另外,企业管理层也需对成本、利润、投资收益等进行业绩评价,为了做出客观的评价,需要业绩数据的真实性、完整性和可靠性做支撑。智能财务开拓了管理会计的视野,提高了财务人员的工作效率,进而促进企业的发展。

(三)智能财务创新管理会计模式

企业的经济业务活动是多样化的,不同的经济业务活动对应不同的管理方法,企业经营活动要制定经营策略,并注重成本控制;投资活动要注意利益最大化,如何规避投资风险;筹资活动则要降低融资成本。因此,要结合企业的不同经济活动制定不同的管理会计体制和机制。企业的会计工作是管理的基础工作,大数据时代背景下对管理会计提出许多新的要求[①]。对于单位决策层来说,会计信息的真实性尤为重要,管理会计与单位经济发展的各方面密切相关,智能财务可以让会计人员从大量的业务工作中解放出来,专注于单位经济活动的分析预测。智能财务给会计工作带来了新的机遇和挑战,能够进一步创新管理会计模式。

(四)智能财务促进管理会计进一步发展

企业的管理需求助推了管理会计的发展。在激烈的市场竞争中,管理会计的应用日益广泛,在企业管理方面发挥越来越重要的作用。管理会计在企业的深入应用,涵盖了企业经营的方方面面。智能财务则充实了管理会计的新内涵,管理会计的应用得到了进一步的发展。企业内部精细化管理、管理会计信息化、管理层的经营决策正确与否等问题,对于企业的生存发展至关重要,管理会计借助于智能财务能够运用科学、量化的方法对企业经营数据进行计算和分析,为企业的预测、决策提供数据支撑,使管理会计能够更精细化、更有效率地为企业做出正确的决策提供有用的信息。

三、智能财务在管理会计中的应用

日常工作中,管理会计进行预测决策、分析数据等需要用到会计学、统计学和数

---

① 上海国家会计学院. 价值管理[M]. 北京:经济科学出版社,2011.

学等方法，如果采用人工方式计算，准确性和效率势必受到影响，无法给企业决策者提供真实无误的财务信息，进而影响领导者做出正确的决策。管理会计中的许多方法过于复杂，将大量的数学概念应用于管理会计，增加了会计人员的工作量，工作难度也随之增加。因此，对于一些重要的但比较复杂的计算分析方法，需要引用智能财务，使管理会计逐步电算化。

管理会计采用智能财务，可保证运算的准确性，减少财务人员工作量，使财务人员能准确、及时地为企业领导者提供预测、决策等方面的数据，满足企业领导决策的需要。财务人员通过对数据的搜集、整理和分析，提炼出有效信息，管理会计作为企业预测、决策的可靠手段，基于智能财务的优势特点，为企业创造更多的发展机会。

管理会计采用智能财务，可提高财务人员工作效率。管理会计通过对信息的挖掘，为管理层提供全面准确的管理信息，在企业发展中起到重要作用。在管理会计工作中，智能财务的运用极大地提高了财务人员工作效率。既能保证各项数据处理和存储的有效性，又能确保数据的及时性、准确性和全面性。实现从过程到结果的全面分析，对于影响企业生产经营、人员绩效等因素进行分析，为决策者提供有价值的可靠的数据，进而制订适合企业未来发展的方案。

智能财务的快速发展，深刻改变了企业管理营运的模式。财务数据是衡量评判企业运营效益的重要指标，企业的每一项经营活动都与成本、费用、利润、绩效有关。管理会计是在全面分析历史数据的基础上对企业未来的经营状况进行预测，智能财务能够带来更快更全面的绩效分析和财务报告，并促使企业日常财务管理自动化，把财务人员从繁重、重复的工作中解放出来，将工作重心放到以预测、决策、分析为重点的管理会计上。

智能财务优化了管理会计的决策职能。在信息化时代，企业要运用好智能财务进行管理创新，加强企业精细化管理，大量收集与企业相关的信息，经过整理加工提炼出有用数据，做出分析报告，供决策者使用参考。智能财务是有效的方式，使财务人员有更多的时间和精力发挥会计的管理职能。过去企业只能使用内部数据，现在通过智能财务也可以对外部数据进行采集。智能财务不仅为传统财务管理提供了便利，满足了企业精益求精的管理需求，还优化了管理会计的决策职能。这在一定程度上推动了管理会计的发展，只有完善智能财务在企业财务管理的应用，管理会计才能充分实现其功能和发挥其价值。智能财务是顺应企业进步和管理会计需求的必然发展趋势。

综上所述，当智能财务遇到管理会计，在企业管理中就会发挥重要作用，可以帮助企业获得有效信息，如对财务状况、经营成果、现金流量等的预测能力。帮助企业加强过程控制，完成企业生产经营任务，科学建立绩效考核制度，同时，大大提高财务人员的工作效率。

第二节　财务会计在供给侧管理中的应用

一、供给侧结构性改革的背景

20世纪90年代开始，宏观经济调控中主要延续了需求管理为主的思路。通过逐步建立庞大的生产体系，抢抓国际机遇，打开了广阔的国际市场，经济快速发展。总体上看，我国经济发展的总量指标比较理想。但是，在发展过程中，经济质量效益提升滞后于经济总量增长，收入分配体制改革滞后于经济发展。近年来，我国经济下行压力加大，固定资产投资增速持续下滑，经济发展进入新常态，继续单纯通过"三驾马车"的需求侧管理刺激经济，空间有限，必须将目光锁定在供给与生产端，通过解放生产力、提高竞争力打造中国经济的升级版。

二、制度创新在供给侧管理中的地位

供给侧管理源于供给主义，即它信奉生产函数，认为经济增长主要是提高要素生产效率。在理论上分析供给侧要素主要是五个方面：劳动力；土地和自然资源；资本；科技创新；制度。其中制度变革、结构优化、要素升级这"三大发动机"是更为重要的供给侧因素。推进供给侧改革就是要抓住制度改革这个"牛鼻子"，同时，通过结构优化和要素升级，来提高全要素生产率，促进经济健康可持续发展。国际经验表明，一般经济体在发展过程的初期与"起飞"阶段，强调所谓"要素投入驱动"，体现为粗放发展。在进入中等收入阶段之后，制度创新、科技和管理创新方面，可能形成的贡献会更大。供给侧改革的核心内涵是有效制度供给问题。制度供给是指制度供给者在给定的主观偏好、利益结构、理性水平、制度环境、技术条件等的约束下，通过特定的程序和渠道进行正式规则创新和设立的过程。

三、加强财务会计制度建设的重要意义

财务会计是在一定的历史条件下，提供对决策有用信息的管理活动。会计属于上层建筑范畴，其在观念、理论、方法等方面均应随着客观经济环境的变化而不断改革、发展和完善。实践表明，决定会计目的的各项因素受社会、政治、经济、法律和文化等环境因素的影响，一定时期的会计目的和会计实践是与特定的经济环境相适应的。经济环境影响会计信息的需求、会计程序与方法以及提供会计信息的意愿。在经济发展新常态下，财务会计在反映经济过程、分析经济情况、监督经济活动、预测经济前景、

参与经济决策中具有新的内涵。

财务会计制度就是对经济业务进行确认、计量、记录、报告时必须遵循的规则、方法和程序的总称，是从事会计工作的规范和标准。国家统一的会计制度由国务院财政部门制定，包括统一的会计核算制度、统一的会计监督制度、统一的会计机构和会计人员制度、统一的会计工作管理制度。会计制度设计是以会计法律、法规为依据，用系统控制的理论和技术，把单位的会计组织机构、会计核算与监督和会计业务处理程序等加以具体化、规范化、文件化，以便据此指导和处理工作的过程。当前加强财务会计制度建设对于供给侧管理具有现实意义[①]。

（一）有利于贯彻落实国家的财经政策和法规制度

当前需要准确理解和把握供给侧结构改革的内涵。过去我们过于强调从需求侧进行政府宏观调控以实现经济高速增长，现在强调供给侧改革只是对其进行"纠偏"，而不是过于偏向供给侧而忽视了需求侧，从一个极端走向另一个极端。财务会计制度的改革应该围绕"四个全面"战略布局，符合"创新、协调、绿色、开放、共享"的五大发展理念的新要求，贯彻落实国家各项宏观经济政策和财经制度，引领财务会计工作服务经济结构调整。

（二）有利于实现企业财务报告目标

宏观经济和微观经济存在着密切的联系，财务会计作为提供决策有用的信息的管理工具，只有反映企业外界对于会计信息的需求，才能发挥其应有的职能，成为包括投资者和债权人在内的各方面进行决策的依据。

（三）有利于提高企业经营效率和效果

财务会计能够结合自身所处的特定的内外部环境，通过建立健全有效的内部控制，不断提高营运活动的盈利能力和管理效率。

（四）有利于提升企业核心竞争力

近年来，随着信息技术的进步和经济全球化进程的发展，市场竞争日趋激烈、投资及经营风险日益增大，企业的兼并、清算、终止等现象的出现更加频繁，生态环境保护治理任务加大。在这种情况下，财务会计制度的改革能够激发创新的活力，从而提高企业运行效率，提高企业的经济效益。

四、财务会计在供给侧管理中的实践应用

财务会计应该围绕去产能、去库存、去杠杆、降成本、补短板五大任务，加强会计制度设计，严格会计核算和监督，加强资产管理，进行成本和效益分析，预测经济

---

① 宋健业.EMBA前沿管理方法权变管理[M].北京：中国言实出版社，2003.

前景，参与经济决策，控制经济过程，评价经营业绩，提高经济效益。

（1）设计科学的财务会计制度，对会计事务、会计处理程序和会计人员职责进行系统规划。系统进行会计组织系统设计，根据会计工作需要，设置会计机构，确定核算形式，完善会计岗位责任制；进行会计信息系统设计，按照合法性、规范性、适应性的要求，设置会计凭证、会计账簿和会计报表，以及会计处理程序。按照内部牵制的原则进行会计控制系统设计，达到各部门（岗位）相互联系、相互制约，共同完成经济活动。以会计准则为依据修订单位财务会计制度、财务收支管理细则以及财务稽核制度等制度规范。

（2）加强内部控制制度建设，提高风险监测防控能力。按照内部控制的构成要素，设计内部会计控制系统和内部管理控制系统。设置内部审计机构，进行控制测试，使重大错报风险降至可接受的最低水平。考虑内部控制的固有局限性，审计机构必须对财务报表的重要账户或交易类别执行最低限度的实质性测试。同时，单位应当对内部控制质量进行持续的或定期的评价，如内部审计人员的报告、顾客的意见反馈等，以确定各项制度是否按照意图运行，是否针对情况变化进行修正，防范和化解财务风险。

（3）进行项目投资可行性评价与分析，科学确定投资决策方案。项目投资具有投资数额大、影响时间长、变现能力差和投资风险高的特点。为优化经济结构，应加大新兴产业投资，鼓励企业加大技改投入、科研投入。财务管理人员应考虑需求因素、时间价值因素和成本因素后，在评价投资项目的环境、市场、技术和生产可行性的基础上，对财务可行性做出总体评价。对可供选择的多个投资方案进行比较和选择，并在投资项目具体实施中，对投资方案进行再评价，以增强投资者经济实力，提高投资者创新能力，提升投资者市场竞争能力。

（4）加强成本核算与分析，降低成本费用。开展全员节能降耗行动，建立以现代成本管理为核心的成本管理体系。企业要做好产品各项消耗定额的制定和修订工作，建立健全材料物资的计量、收发、领退和盘点制度，建立健全原始记录工作；按照生产特点和管理要求，采用适当的成本计算方法。增强服务意识，降低质量成本；设置环境成本控制网点，加强环境成本核算，提高生态效益和社会效益，促进企业可持续发展。物资采购部门要完善采购合同，货比三家，降低采购成本。发挥 PPP 融资模式的优点，降低融资成本，合理分担风险，提高市场的运作效率；根据项目性质，合理选用 BOT、TOT 和 ABS 等融资方式。落实营改增政策，通过合理选择供应商、融资租赁等方式做好纳税筹划，减轻纳税负担。落实研发仪器设备加速折旧、研发费用加计扣除等税收优惠。财务部门定期进行成本效益分析，结合企业内外部的实际情况，相互联系，研究生产技术、生产组织和经营管理等方面的情况，查明各种因素变动的原因，以便采取措施，挖掘降低产品成本和节约费用开支的潜力。

（5）盘活存量资产，提高资产利用效率。按照分类管理、提高效率、依法处置的原则,制定和完善资产管理办法,建立完善固定资产的预算制度、信息报送和对账制度、维修保养制度和报废制度等制度体系。根据有关资产的特性,在资产负债表日进行减值测试,按规定计提存货跌价准备、固定资产减值准备、坏账准备等。对科研型企业、高新技术企业采用固定资产加速折旧政策,这不仅可以带动企业更新技术设备,鼓励企业研发创新,还将通过鼓励固定资产投资起到稳定经济增长的作用。将闲置厂房、仓库等改造为双创基地和众创空间,把已有设施条件用好,最大限度地盘活利用现有资源;因地制宜、分类有序处置不良资产,提高有效资产利用率。依法实施破产程序,进行破产清算核算。发挥市场在资源配置中的决定性作用,根据财税政策进行企业兼并重组,通过兼并重组压缩过剩产能、淘汰落后产能、促进转型转产,提高资产的利用效率,促进经济结构战略性调整,从制度构建入手,为创新创业打通道路、减轻负担,充分释放活力和创造力。

(6)建立以质量和效率为主的绩效考核体系,客观反映企业生产经营的财务状况和经营成果。随着我国经济发展进入新常态,发展方式从规模速度型转向质量效率型。企业综合绩效分析与评价,也应该以经济效益为中心,建立相应的分析评价指标体系,对照相应的评价标准,对企业一定经营期间的盈利能力、资产质量、债务风险、经营业绩等方面进行综合评价。逐步探索绿色会计核算制度,积极探索建立绿色审计制度,加强对生态环境信息的披露,促进产业结构升级。

(7)抓好财务会计人员的继续教育和业务培训,提高其政策水平和职业能力。在供给侧结构性改革新形势下,财务会计工作如何服务产业结构调整,如何发挥人力、资本和制度的优势,如何通过产权转让、债务重组、企业兼并等方式,尽快盘活企业资产、发挥经济效益等,是财务会计人员面临的新任务。要做好这些工作,财务会计人员就必须认真学习国家的宏观经济政策和财经政策,学习运用会计准则,科学设计并严格执行单位的会计制度,提高政策理论水平和分析、解决实际问题的能力。

第三节 会计统计方法在财务管理中的应用

一、会计统计方法的内容及优势

(一)会计统计方法的内容

会计统计方法是统计学与金融融合的体现,是使用统计学方法和原理指导金融单位发展运行的一种常见形式。会计和统计学看似是两个毫无关联的方面,然而,在金融领域,二者的有机融合却能更好地促进金融行业的发展。会计是金融行业的伴生职业，而统计学则是人类生产生活过程中常用的统计方法。将这一统计方法融合起来运用到金融行业就能保证金融系统的收支平衡。

（二）会计统计方法的优势

1. 反映金融单位的经济状况

金融单位的发展必然离不开资本的流通。如今，市场经济加速了资本流通的速度，同时也加大了财务管理的难度。具体表现为公司流水量增大，资金流转速度加快，金融单位受到市场的影响更加明显。统计学方法不仅能够运用在财务管理上，有数学的地方就有统计学。运用统计学方法进行财务管理能够规范统计行为和方法，为管理人员提供一个科学、严谨的收支情况，使金融单位的财务流通状况有理有据。运用统计学原理对数据进行分析，能够有效地将数字资料转化为专业的文字信息，阐述金融单位近期的发展情况。

2. 指导金融单位的投资方向

通过对上一阶段金融单位盈利情况的总结，对各个部门、各个地区的盈利情况进行分析，从而确定下一阶段金融单位发展的重心。上一阶段的总结是对下一阶段金融单位发展情况的最好指导。投资和扩大再生产是金融单位得以发展壮大的两种主要途径，要想打开市场就必须具备一定的市场时间和市场调研，而统计学资料就是开拓市场过程中必不可少的存在。

二、会计统计方法在财务管理中的应用

（一）提高统计分析的速度和精准度

统计预测建立在数据及时性和准确性的基础上，在实际管理过程中，应当不断提高统计方法在财务管理中的应用程度[①]。将静态的资金流动信息转化为动态，绘制动态的经历发展曲线图，通过折线反映金融单位的利益盈亏。动态的检测可以让金融单位及时止损或扩大再生产。

（二）规范统计流程，做好统计学与财务管理的交叉渗透

加强统计方法与财务管理的融合，财务管理行为注重技巧，注重能力。在统计流程上，应当制定国内统一的财务统计程序，各大金融单位能够按照规章制度执行，从而提高财务管理和统计工作的有序性。在统计业务上，不断开发统计方法在金融行业的新业务，丰富统计分析的功能。

（三）纵向对比与横向对比

注重数据的分析与对比，在统计过程中，不仅仅应当注重数据统计的科学性，这

---

① 侯书森. 权变管理[M]. 北京：石油大学出版，1999.

是统计学的基础，基于此，对统计数据进行比较分析才是得出结论的关键环节。在对比技巧上，采取横向对比和纵向对比的对比方式，即对同一部门的经历发展同其他部门进行对比；对同一部门发展的不同阶段进行对比，这样就能保证统计结论的全面性，最大限度地发挥统计工作的最大功用。

金融单位的发展离不开健全的财务管理系统的支持。利用统计方法进行财务管理能够促进我国金融单位管理的规范化，助力社会主义市场经济的健全发展。

第四节　会计与财务管理中 ERP 的具体应用

随着我国经济建设工作的顺利进行，社会各界都得到了迅猛的发展，各种企业也在这种新的时代背景下纷纷建立起来，共同促进我国各方面的发展壮大。但同时，激烈的市场竞争也随之而来。企业如果想要在这种境况下顺利生存下去、增强自身的市场竞争力，当务之急就是对财务部门进行科学合理的管理。财务部门把控着一个企业的经济命脉，并能够很好地帮助企业领导分析企业经营过程之中存在的问题，并针对薄弱环节进行工作计划的整改。因此，每个企业都需要对财务工作多加重视，科学利用 ERP 管理理念。

ERP 系统之中的计算公式及其他的数据都是提前设计好的，其中的各种运行程序可以很好地对一个企业的财务状况进行客观合理的分析，并形成准确的财务报表，企业的管理人员可以通过阅览各种报表来详尽地了解企业的经营情况。这种管理方式可以很好地减轻财务人员的工作负担，最大程度上减少了因手工账造成的工作失误。ERP 系统的使用实现了财务部门的无纸化办公，切实有效地减少了资源的浪费。同时，财务人员在进行财务数据管理的时候也能变得更为便捷，ERP 系统能够很好地将企业每个月的经营情况进行详尽的记录，在进行账务查找的时候也会更加快速，有效节省了工作的时间。

一、财务工作使用 ERP 系统的重要意义

(一) ERP 系统能够有效帮助企业稳步发展

ERP 系统能够帮助企业分析市场动向，从而制定一些切实可行的发展战略，帮助企业更好地进行转型，让企业能够拥有更为宽阔的发展前景。现代社会中的诸多企业都在积极利用这种新型的管理系统来完成财务工作，ERP 系统可以将大量的财务数据进行整合、分析，帮助企业的管理人员进行市场动态的预判。不仅如此，ERP 系统还能够将企业外部的信息进行归纳和整理，管理人员需要将相关的资料录入系统之中，

进而有效提升财务人员的工作效率。简而言之，ERP系统能够有效帮助企业进行市场的动态分析，企业领导者可以据此制定新的财务政策。除此之外，ERP系统还能够对企业在运作当中的成本投入进行详尽的分析，帮助企业了解到投资项目的发展前景，及时进行止损。

(二)ERP系统可以广泛汇集市场信息

现阶段的市场竞争已经越发激烈，诸多企业想要在这样的时代背景之下生存就必须要提升自身随机应变的能力，企业的领导者也需要具有前瞻性的眼光。在进行财务部门管理工作的时候积极运用新型的ERP系统，切实提高自身的工作效率，积极在市场上搜集各方面的信息[①]。ERP系统便能够很好地在市场中搜集企业真正需要的信息，企业的管理者通过对相关数据的分析来制订新型的经营计划，及时进行转型，使自身更好地适应时代的发展变化，防止自身被社会淘汰。不仅如此，财务工作在进行的时候也能够为管理者提供更为全面的数据，使财务报表更具有权威性，从而帮助企业很好地规避风险。

二、财务部门利用 ERP 系统的有效途径

(一)ERP 系统可以实现财务数据的共享

传统的财务工作模式下，大量的数据都是依靠财务人员进行整理和录入的，难免会出现财务数据错记或者漏记的情况，财务数据的真实性会因此受到很大的影响。并且，在这种工作模式之下，财务数据是无法实现共享的。在以往的财务工作之中，财务人员在处理财务数据的时候需要经过很多道的审核程序，工作流程是较为繁杂的，工作效率也是十分低下的，严重影响了财务信息共享的速度，同时，由于是人工做账，在进行数据录入的时候也极容易出现偏差。但是在采用了ERP系统之后，便能够将繁杂的财务数据进行科学的整合，将众多的财务信息保存在系统的数据库之中，可以实现数据的实时共享，传统财务工作中的诸多纰漏都能够因此得到很好的解决，财务部门的高级管理者也能够对所有的财务工作进行统一的管理。ERP系统中具有众多的管理模块，可以将数据按照会计科目的设定而进行详尽的分类，使财务数据具有很强的条理性，能够很清晰地将不同科目的信息进行展示。不仅如此，财务人员还能够因此对有限的资源进行科学合理的划分及配置，有效避免了资源浪费现象的出现。

(二)ERP 系统可以帮助财务人员进行成本管理工作

财务管理工作的地位是不容小觑的，财务人员需要根据企业的实际情况及时进行数据的整理及核算。在企业中，财务部门的重点工作便是帮助企业有效进行资金控制

---

① 徐政旦.现代内部审计学[M].北京：中国时代经济出版社，2005.

工作，财务人员需要强化自身的工作能力，帮助企业进行市场发展趋势的预判，并对相关的信息进行分析和整合，充分做好研究工作，随时进行工作进程的汇报。通过ERP系统中各种应用模块的使用，财务人员能够快速从中提取自己需要的信息，并进行成本数据的管理。一个企业在发展过程中需要及时进行成本的清算，尽可能地实现利益的最大化。财务人员在进行成本分析的时候能够积极运用先进的ERP系统，其中的成本管理模块能够将大量的成本信息进行归类和总结，让财务人员能够较为清晰地了解到企业在进行成本投入的时候都使用了哪种类型的资金。基于这项信息，财务人员需要再对市场发展的动态进行详尽的分析，并将总结出的数据与企业成本投入的信息进行对比。由此，财务人员便能够很直观地观察到何种成本投入是富有实际意义的，哪些资金的使用是没有回报的。企业的管理者也能够据此及时转变投资方向，并开辟新的项目。同时，由于ERP系统能够进行市场发展趋势的预判，财务人员需要通过系统提供的信息，更为全面地来权衡成本与利润之间的关系。有些项目虽然在当下能够为企业带来很多的效益，但是ERP系统在进行市场预判的时候得出的结论却是此种项目在未来的几年之内会出现低迷的状态。在出现这种情况的时候，财务人员应该建议企业管理者变更投入计划，及时进行止损工作。

(三)ERP系统可对财务部门的执行任务进行管理

ERP系统可以很好地对财务人员进行管理，为其制订科学合理的工作计划，设置具有实际价值的财务工作任务。ERP系统可以对企业各个部门经营情况进行分析，财务部门便能很清晰地知道在建立账目的时候应该设置哪些会计科目，并对其中的每项收入及支出进行详尽的记录。通过对各个部门数据的分析，财务部门可以制订出切实可行的采购计划，防止出现资源浪费的情况，并且能够为各个部门提供一些具有实际作用的建议，有助于企业的各个部门有条不紊地进行各项工作，并能够在原有的基础上提高工作效率。ERP系统的使用能够对各个部门的销售情况进行分析和整理，并结合市场的实际情况分析出市场走向，并对相关用户的实际需要进行详尽的分析，根据企业的实际经营状况以及财务部门的工作进程来制订科学合理的工作计划，基于此，企业的各个部门都能够有条不紊地进行各项工作计划，采购部门在购入原材料的时候能够明确购入数量，生产车间的工作人员也能够因此得知自己的主要工作内容是什么，切实促进企业的稳步发展。

综上所述，各个企业的财务部门在运行当中需要顺应时代的发展趋势，积极利用先进的ERP系统进行财务工作的管理。ERP系统的应用不仅可以帮助企业很好地进行市场发展趋势的分析，还能够协调好其他部门的工作方式，帮助企业整体健康良好地发展，使各项工作都能够有条不紊地运行下去。不仅如此，ERP系统还能够帮助企业进行成本投入的控制，使企业能够及时止损。因此，企业的管理者应该将自己的经营眼光放得长远一些，利用先进的信息化技术，切实提升自身的工作效率，帮助自身拥有更加长远的发展道路。

第五节　企业财务管理中会计电算化的应用

随着我国科学技术的飞速发展，计算机在各个领域得到广泛应用，会计信息化属于一种全新的管理方式，在企业的发展中得到普遍使用。在当前的大环境下，企业之间的竞争越发激烈，对财务数据提出了更高要求，财务管理工作的重要性由此得到凸显，对数字化管理方式进行完善，满足企业今后持续发展的需求。本节分析了财务管理会计电算化的基本内容，以及会计电算化在财务管理中应用的作用，结合实际情况提出相关完善措施，提高企业财务管理质量。

一、会计电算化的优势

会计电算化主要以计算机作为基础，并深入会计工作当中，顺利开展各项财务管理工作，利用会计电算化能够影响到整体的会计环境，改变传统的信息载体方式，提高会计数据的储存方式与处理效率，降低会计人员的工作压力。另外，通过会计电算化，改变财务管理的内部控制方式，拓展财务管理范围，使企业财务管理工作向着规范化与科学化的方向过渡。

二、财务管理会计电算化的基本内容

（一）开展会计档案管理工作

在企业平日的生产经营中，会产生大量的财务信息与财务数据，相关数据均是财务档案管理的主要内容。内容真实全面且无法篡改，传统的财务管理工作难以发挥自身优势。因此，通过开展管理会计电算化，发挥信息技术的辅助效果进行档案管理，既能够提高管理成效，也能够优化管理效益。在财务管理会计电算化的过程中，电子档案的管理能够妥善地将关键性档案储存于电子介质当中，实现数据的档案管理。

（二）实现会计档案的再利用

在企业发展的历程中，财务管理工作属于重要组成部分，对于强化会计档案的利用起到关键作用。因此，积极开展会计档案的整理与再利用工作，将财务信息数据的关键性作用充分发挥出来，在再利用的过程中及时发现企业财务管理中存在的不足，为企业今后的持续发展提供保障。在财务管理电算化中，财务人员根据自身实际需求构建数据模型，整理需要的财务信息与数据，形成完善的数据链条，构建完善的数据支持系统。

三、会计电算化在财务管理应用中的作用

（一）提高管理会计应用效果

为提高财务管理工作效率，应积极改变传统的财务管理模式，降低财会人员的工作量，不再需要耗费大量的时间与精力处理相关的工作内容。第一，会计电算化的应用，能够对财务管理工作的开展提供更多时间与精力，由计算机储存的财务数据信息，更加高效便捷地完成财务分析工作；第二，将计算机的制表、作图等功能发挥出来，清晰且直观地完成财务数据分析工作；第三，在管理会计中引入数学模型，通过量化分析提高财务管理预测和决策的精确度，真正发挥管理会计的优势。

（二）创新财务管理内控制度

在传统的财务管理模式中，所实施的内部控制方式相对单一，但会计电算化则是借助计算机展现出内部控制模式，实现财务管理的程序化与制度化，采取事前控制的方式对财务管理过程中的问题进行管理。同时，企业利用会计电算化，能够将账务细化到五级账户，提高数据信息计算的效率，借助计算机代码与财务明细客户，在录入凭证的同时保证账表信息的精确性。因此，合理应用会计电算化，精简会计工作路程，多项审核被单一控制凭证填制所代替。

（三）完善会计信息处理方式

在传统的财务管理工作当中，主要以人工为主，会计人员要不断编制报表、算账、记账，并重复进行，整个过程的工作量较大，需要财会人员相互配合共同完成。合理应用会计电算化能够对这一过程进行简化，在计算机系统当中输入会计凭证后，计算机系统根据预先设置的模式，自动完成相关财务管理工作，借助生成的凭证为从业人员提供管理依据。另外，查询凭证时，通过不同的条件就能够完成查询工作，降低财务管理成本且提高财务管理工作效率。

（四）提高数据综合利用效率

企业在开展财务管理工作时，因报表编制难度较大，需财务人员具有较强的综合能力，熟练掌握报表当中的所有数据信息，利用不同的运算关系制定科学化的报表。根据不同年度的发展情况，对企业财务报表管理要求进行调整，报表内容发生一定变化，操作人员应根据自己的专业知识，掌握最新的报表编制方法，提高自身工作技能，将会计电算化的优势充分发挥出来[①]。企业在实施财务管理时，主要通过与会计电算化相配套的处理软件编制报表，实现财务管理的目的，提高财务工作的时效性。

---

① 财政部会计司. 行政事业单位内部控制规范讲座[M]. 北京：经济科学出版社，2013.

四、企业财务管理中会计电算化的应用策略

（一）提高财会人员专业水平

会计电算化的使用，对会计工作内容进行了丰富，同时，对会计人员的专业能力与综合素养提出了更高要求，会计人员应树立终身学习的理念，增强自身知识储备、完善知识结构后主动参与到企业管理工作当中，了解与经营管理方面的知识。在平日的工作中，会计人员还应掌握与计算机方面的知识，真正提高核算效率，帮助会计人员节约大量的时间，保留精力参与到企业的经营管理中，完善会计人员的工作职能。在招聘会计人员时，不仅要考虑其会计专业知识储备，还应熟练操作计算机，在企业内部培养出更多复合型人才。综合性人才更加精通信息技术，工作重点由以往的核算向管理过渡。企业定期开展培训工作，根据培训计划为会计人员安排相关考试，提高其实践能力与综合素养。

（二）加强对运行环境的管理

安全的计算机运行环境，是保证会计软件安全运行的前提。为推进会计电算化的发展，企业应采取实效措施，加强对计算机运行环境的管理。企业应明确财会人员的工作权限，工作内部配置的参数系统会计电算化操作人员无权自行修改，需严格按照相关规章制度更新、调整、删除已经安装的会计软件。若会计电算化软件在运行的过程中出现故障，相关工作人员应及时记录与上报，企业安排专业人员进行维修。在完善会计系统的信息化建设时，对企业会计信息进行备份，杜绝随意修改或者滥用职权等情况的出现，利用添加防火墙的有效措施，规避企业财务信息泄露或窃取等情况的出现，保证会计电算化的高效安全运行。

（三）制定完善会计管理制度

以往以手工核算为基础的财务会计制度，与现阶段的会计电算化工作之间存在一定矛盾，对企业会计电算化的发展产生影响，甚至阻碍企业财务管理水平的提高。在企业财务会计管理中，企业管理者应给予会计电算化高度重视，结合企业的发展需求，对会计管理制度进行完善，做好企业财务管理制度保障工作，对相关工作的开展起到约束作用，真正提高企业财务管理水平。建立完善内部约束机制，应将会计人员与财务人员的责任进行明确划分，完善内部监督机制与约束机制，提高内部管控的实用性。对会计电算化操作流程进行规范，无论是操作人员还是管理人员，都应明确自身各项职责，对于违规操作行为进行严厉打击，解决其中的各项安全隐患。

总而言之，在信息技术飞速发展的今天，企业在开展财务管理工作时，应结合自身实际发展情况积极应用信息技术手段，促进财务会计电算化向管理会计电算化过渡。

在财务管理工作中应用会计电算化，建立完善的会计制度与内部使用制度，既能提高会计人员的工作效率，也能满足企业持续发展的需求，促进企业财务管理工作向着更好的方向发展。

参考文献

[1] 长青，吴林飞，孔令辉，崔玉英.企业精益财务管理模式研究：以神东煤炭集团财务管理为例 [J].管理案例研究与评论，2014，7(2)：162-172.

[2] 段世芳.新会计制度下财务管理模式探讨 [J].企业经济，2013，32(3)：181-184.

[3] 邓瑜.制造型企业财务内控管理中存在的常见问题与解决措施 [J].企业改革与管理，2017，11(17)：182+206.

[4] 梁银婉.商业银行财务会计内控管理中存在的问题与优化 [J].时代金融，2017，27(20)：126.

[5] 朱莉.制造型企业财务内控管理中存在的常见问题与解决措施 [J].企业改革与管理，2017，15(11)：134-136.

[6] 杨寓涵.浅析商业银行财务会计内控管理中存在的问题与对策 [J].纳税，2017，28(16)：60.

[7] 孙丹丹.内控制度在行政事业单位财务管理中的具体应用 [J].财经界(学术版)，2017，24(05)：87-88.

[8] 崔慧婷.论医院财务管理中的会计审核及内控制度 [J].财经界(学术版)，2016，11(12)：230.

[9] 帅毅.基于责任中心管理的高校财务管理体系探索 [J].财务与会计，2016，15(21)：59-60.

[10] 呼婷婷.基于Web的高校财务管理信息系统报表设计与研究 [J].电子设计工程，2017，25(10)：41-43.

[11] 刘充.我国高校财务管理制度研究述评：基于CJFD(2006—2015)的文献计量分析 [J].教育财会研究，2017，28(3)：12-16.

[12] 吴俊文，段茹楠，张迎华.高校校院两级财务管理体制改革理论基础探析 [J].会计之友，2017，21(8)：113-117.

[13] 李小红，王杰斌.广西区内外高校财务管理比较及启示 [J].教育财会研究，2016，27(4)：17-25.

[14] 梁勇，干胜道.高校财务管理新思考：构建财务服务创新体系 [J].教育财会研

究，2017，28(1)：10-16.

[15] 张清林. 提高全面预算管理水平加强医院财务内部控制的对策研究 [J]. 财经界（学术版），2015，1(36)：276-276.

[16] 魏晋才，池文瑛，许东晨，等. 取消药品加成后公立医院内部运行机制变革与绩效改进 [J]. 中华医院管理杂志，2017，33(2)：98-101.

[17] 王本燕. 规范退费流程强化门诊住院收入管理 [J]. 现代医院，2016，16(9)：1375-1377.

[18] 余芳. 会计信息化对企业财务管理的影响分析及对策探究 [J]. 全国商情，2016，24(23)：35-36.

[19] 常洪瑜. 会计信息化对企业财务管理的影响及对应策略分析 [J]. 时代金融，2016，24(12)：154-161.

[20] 王巍. 中国并购报告 2006[M]. 北京：中国邮电出版社，2006.

[21] 哈特维尔·亨利三世. 企业并购和国际会计 [M]. 北京：北京大学出版社，2005.

[22] 财政部会计资格评价中心. 中级财务管理 [M]. 北京：经济科学出版社，2017.

[23] 上海国家会计学院. 价值管理 [M]. 北京：经济科学出版社，2011.

[24] 宋健业.EMBA 前沿管理方法权变管理 [M]. 北京：中国言实出版社，2003.

[25] 侯书森. 权变管理 [M]. 北京：石油大学出版，1999.